柔软的教育

张含芬 著

上海教育出版社
SHANGHAI EDUCATIONAL
PUBLISHING HOUSE

序

今日宜慢行

慢　蜗　牛

初识张含芬老师，是20多年以前。

那时，她已是台州市青语会会员。她的语文课堂充满温度，极有灵性，因此她毫无悬念地获得台州市教学大比武一等奖、语文教师基本功比赛一等奖等荣誉。在台州的初中语文教学界，她是一颗冉冉升起的星星。

时光漫延，20多年后的一个午后，经当年“青语会”同事张冰清老师介绍，我们三人坐在温岭一家雅致的茶室里聊天。我们的话语穿越20多年，当年那些美好的课堂、珍贵的人事一一在茶香氤氲中浮现……

20多年了！根据正常的人生轨道，张含芬老师应该是台州市名师、浙江省特级教师，或者正高级教师了，但她目前还是温岭三中一名普通的语文教师。如果要说变化，是20多年的时光，把一个文学青年、语文教师，演变成浙江省班主任工作室的优秀领衔人，一个有自己“柔软教育”理念的真正名师。我听她介绍她的“小蜗牛”团队，讲教育慢的艺术，她说教育领域存在的违背教育本质的现象非常普遍，很多孩子深受其苦。她说，如果自己的努力能让孩子少受一点心灵的苦，就是践行并推广“柔软的教育艺术”之意义所在。

“是的，这个世界，有许多苦难的灵魂，你要尽力去帮他。”我被她的话语打动，不禁鼓励道。那个略显昏暗的茶室，那个下午，好像因为我们三个人的畅谈，显得透亮。

这以后，我就开始关注她的“柔软教育”，知道她在做着有温度、也有深度的教育。2020 年的最后一个月，她的一部书稿《柔软的教育》，出现在我的电脑桌面上。趁着工作间隙，我细细读来，多年未有过的感动，被那些富有文学悬念的讲述唤醒：

——我断断续续地读，每一则故事，都用一句话写下我的心得；

——我把记心得的纸张带在提包里，生怕散落了，直至满满四张纸在我眼前展开；

——我在暖日冬阳里把自己作为教育中人沉浸进去，然后不止一次泪目；

——我联想到当年并没有很好地蒙受我浇灌的那些花儿，如今散落在天涯；

——我把这些教育故事发给我的孩子，希望他们将来学会如何对待孩子；

——我与一些校长、老师，分享这些教育故事，迫不及待，溢于言表……

在熙熙攘攘的名利场中，张含芬老师只想实实在在地为社会、为家长、为孩子做一点“教育疗愈”；在这个竞速的时代，她舍得放慢时光，沉静其心，纯净其心，做一只教育的“慢蜗牛”。

柔软之“道”和柔软之“术”

今天中午，在洒满阳光的书房里，我终于读完了《柔软的教育》的所有故事。这让我想起云门宗创始人文偃禅师，僧问：“如何是佛法大意？”文偃答：“春来草自青。”如果我们把“佛法大意”比作教育之道，那么，“春来草自青”就是教育之果，“春来”和“草青”之间，就隐藏着教育的艺术——我相信，柔软教育，就是这样一种不着痕迹、道术兼顾的教育智慧。

那么，柔软教育之道，究竟是什么呢？

柔软教育的底色是情和爱。缺了情和爱，就只有“教”没有“育”。因此，刻薄寡情、铁石心肠的人是不适合做教师的，更不用说做好教师了。张含芬老师是一个多情的人，她会坐在讲台上看那些行将离别的“彩色的孩子”，忍不住悄悄拭泪。她是一个怜悯的人，会悄悄地送“怡口莲”给孤独的小女生。“把它放在床头，是可以让寂寞闪光的。”张老师说，“那时，我正青春，凭着爱的本能，把善意通过美食输送到孩子心里。没想到，竟让他们心中的花儿开得那么生机盎然，而且久远。”“‘初恋’，就这么打败了‘上帝’”，这是她的金句！在张老师所有的教育故事里，情和爱，是基本的底色。

柔软教育的动力是责任和担当。柔软教育不是柔弱无骨。孟子曰：“虽千万人，吾往矣！”这样的勇猛，似乎与柔软教育无缘，但是善良要带锋芒，外圆要有内方，柔软教育是要以担当、责任作为骨架的。在《咸鱼鲞豆腐汤》中，张含芬老师深刻反思：有些学生不是不可教，只是教着麻烦。教着麻烦就不教了吗？在《路遇别人的娃》中，她试图去表扬陌生的孩子，努力去劝止别班的孩子玩牌和抽烟。她认为，我们能够怀着宽厚、宽容之心，凭着温情、温暖之行，彰其嘉言，劝其陋习，我们的教育就会更有担当、更有力量。

柔软教育的前提是能共情，有同理心。教师为什么是“平等的首席”？为什么要“蹲下来和孩子说话”？所谓将心比心，就是从孩子的立场出发，这样就更能够体谅孩子的喜怒哀乐，谅解孩子的期望诉求。《我也曾经是“柯南”》告诉我们，每一个孩子都是有自尊的生命主体，而不是专供你塑造的客观的对象物。在《当校园欺凌发生了》中，作者认为：当孩子在外面受了欺凌之后，孩子多么需要师长站在他身边，做他的坚实后盾。有时候，宽容，在外人看来是修养、胸怀和风度，但在受欺凌的孩子那里，却是愤怒和绝望。我们的教育，除了尽可能地避免校园欺凌发生，还要在欺凌既成事实之后，尊重孩子感受，妥善处理，让欺凌事件对孩子心灵的伤害降至最低。这些，都是站在孩子感受上的反思。

柔软教育的成功基于鼓励和信任。《了不起的妈妈——阿琴》里的“阿琴”，她有自己独特的“夸奖”之道：当着女儿的面夸，当着老师的面夸，甚至当着刚认识的路人也会夸；夸学习，夸态度，夸待人处世，甚至形成了家长“夸夸团”。好孩子是夸出来的！这是经过罗森塔尔试验证明了的效应。孩子在你眼中是什么样子，就会长成什么样子。你关注他的美好，他就会有意识地表现出美好。久而久之，种豆得豆，种瓜得瓜。

柔软教育的姿态就是尊重和包容。人非圣贤，孰能无过？再加上不同的家庭环境，应试教育的压力，各种因素，相互缠绕，很多孩子不会正确评价自我，不会客观处理自我和周遭关系。而我们对这样的孩子，一直会做出否定性评价。偶然的冲动当成必然，心理问题看做品德问题，不良细节视为恶行。“看了哪吒，才知道自己只是陈塘关的老大爷”，我们就像道德标杆和正义化身，用放大镜苛求班上的那些“小松”，而不是用爱和宽容去谅解他们，于是教育对象往往成为教育对手！

所谓“术”，就是柔软教育的策略。大匠运斤，庖丁解牛，都是有“术”的，只不过对于高手而言，“技近乎道”。故此而言，“小蜗牛”里是饱含着“大智慧”的。

柔软教育的表现形式，是感性的，柔软的，形而上者谓之道。老话说，大象无形，大音希声。高明的教育，都是春风化雨，润物无声的。作者在《芝士也是力量》中告诉我们：“芝士也是力量呢。能让你放松下来的那些小甜点、小情调、小细节、小氛围，谁说就不是力量呢？”一件缀着蝴蝶的衣裙，一个神奇的水壶，一个拍照的手机，一树迟开的海棠，一碗甜蜜的鸡子酒，一次惬意的家庭小聚，一次庸常的醒花……教育之道总在平常物事中，柔软教育就是这样不落窠臼，不碍滞于言筌。“你心柔软的样子，才是教育最好的模样，也是教育真正发生的时刻。”说得多好！

柔软教育的施教策略，是唤醒，是培育，是引发孩子天性里固有的能量和善念。张含芬老师认为，爱学习，求成长，是生命的本能。每个人的天性里，有猛虎，也有蔷薇，但“猛虎也能细嗅蔷薇”。张老师愿意说，“慧海，我是你一个人的班主任”，即使你的班上出现了“小邵”，你的爱心也能使“小邵”的学习之门，打开一丝缝隙。班级里的范冰冰内向腼腆，两年的相处，从未发现他的艺术才能。张老师会检讨自己的“有眼无珠”，会高调宣布：即将进行的校运动会入场式，班级方阵的设计，全权交给范冰冰。于是范冰冰的鸽子在蓝天飞过，“亮瞎”了所有人的眼睛。

柔软教育的态度，是谨慎的，是纤细绵密的。张含芬老师在《午夜来电》中写道：波波内心受到的伤害让我警醒，也让我羞愧。教育，和其他行业真的有太多不同，工业会允许有合格率，农业允许有成活率，而教育，你出的一丝差错，在孩子那里，就是全部。看着光鲜的“学霸”，底子里也许就有斑斑锈迹，你只有更细心，更专业，才能发现并成功“除锈”；看着好玩的“开心豆”，你略一疏忽，就捕捉不到他眼底的屈辱和愤慨，你只有更敏锐，才能感知并成功助力。古人云：失之毫厘，谬以千里。教育，真是“术有不可不慎者！”

柔软教育的最大特点，是不言之教。读着《你也长着“教育脸”吗？》，我深有感触。教师的“教育脸”，从走上讲台的第一天起，就不知不觉，与自己的脸一起，融为一体。教师因为常处一校，并没见过多大的世面，但是，讲台是有“能量场”的，你天天“传道授业解惑”，俨然成了教育的“权威”，以为自己就是“人生导师”，于是你一露脸，就是“教师”，你一开口，就是“说教”，一与学生一起，就摆出“我要教育你”的姿态。而真正的教育，春风化雨，润物无声，熏陶渐染，以身垂范。所谓身教重于言教，就是不言之教。

柔软教育是讲究学理的教，是尊重规律的教。《男厕所的秘密》破译的是孩子的好奇心，《老婆，你作业写好了吗？》中此老婆不是彼老婆，孩子有孩子的认知。《你还记得怎么烧旺灶膛里的柴火吗？》说的是管教需要弹性和空隙。对于年少轻狂、自以为是的乔，张含芬老师要做个“不讲道理”的班主任，用一顿黑暗料理让他折服，就是因材施教。教育是慢的艺术，是需要过程的，就像《醒花》一样；教育是需要等待的，因为，“我们的花儿在云端”；

是不可凌节而施的，“今年海棠”也有可能“不开花”，那就期待明年。孩子需要在做中学，在做中领悟人生，于是，少年在重阳见识了重阳文化，在寻访美丽温岭人中靠近真善美。教师和学生在《校园养“牛”记》中一起成长，一起修行。

大红金钟

“大红金钟”是张含芬老师在微信上的昵称。后来才知，大红金钟，是她童年时祖屋西园墙角的一颗山茶树。我知道她是喜欢这棵祖传的大红金钟的。

张老师的祖父 1918 年生人。这棵大红金钟在她祖父儿时，就已经在西园亭亭玉立。20 世纪 70 年代被砍，树桩经过移居后重生，后又迁回西园。张老师常常在大红金钟的婆娑树荫中，跟着她的祖父，参加每年在西园举办的中秋诗会。张老师的古诗文功底，也许就是那个时候耳濡目染的结果。《柔软的教育》里的每个标题，都富有包孕，充满诗意，看了故事以后，你才觉得如此贴切，绝不是“标题党”。每个故事，都是来自教育现场，元气淋漓，加上悬念迭出、引人入胜的叙述，藏在细节里的教育规律和真相逐渐浮出水面。《柔软的教育》里的每一篇文章，都清新灵动，语言不故弄玄虚，故事浑如天成。

文学的表达，往往会忽略科学和理性，但《柔软的教育》里的问题处理，背后都有心理学、教育学的专业支撑。张老师自学情商课程，获得情商培训师资格证和浙江省心理健康 A 级咨询师资格证，还是浙江省德育总会专家委员会成员。也就是说，柔软教育，不仅仅是一个善良的女教师，对学生的爱心，还是一个术业有专攻的专业人员，对教育真谛的慢慢追寻。

张含芬老师嘱我写序，我虽然也当过 20 多年的班主任，但当年带着男性之气，不知伤了多少孩子的心。这本《柔软的教育》，我细细读来，自觉又是一次学习。

我不知道这棵大红金钟，如今还亭亭如盖在西园否。希望这棵祖传的山茶花树，以它古老的灵性和内蕴的芬芳，照拂着张含芬老师的柔软教育，如水一样，润物无声，源远流长。

花的性格，跟人是一样的；花事，也就是人事。是为序。

褚树荣

2020 年 12 月 13 日于宁波

目　录

1 书教着教着，心咋就柔软了

中午用餐时接到叶子的电话，他邀我们全家参加他月底的婚礼。当时，学校的餐厅有点吵，我很仔细地辨认他的声音，想要与记忆里他的样子重叠。然而，20 年真不是一段短暂的时光，叶子的声音里，早已不见当年的稚嫩，言语应答中也没有了那时的羞涩与内向。

1

叶子是我刚调到三中时的第一届学生，那时的他，本分、纯良，品行很好。可是有天中午，在校门口的小店里，叶子被我发现正趴在桌子上抄别人的作业。可能年轻气盛吧，当时的我，确实是怒火中烧的：大胆叶子，你竟敢鬼鬼祟祟地抄作业！幸好被我逮个正着。

因为在别人的店里，我一声不吭。但现在回想起来，我的脸一定是冷得让人害怕。因为我轻轻拍了拍叶子的肩膀，他抬头看见我时，脸霎时吓白了。我家就在学校对面，离“事发”的小店很近，遂把他带回家里。可能当时觉得抓了个“现行”，事实胜于一切雄辩吧。我竟然啥道理也没讲，就让叶子弯腰趴在沙发上，我去阳台取了“练槌搭”（温岭方言，即洗衣槌），一下一下地槌叶子的屁股！

槌完之后，我拨通了他母亲的电话，让叶子亲自告诉母亲，他做了什么，而我，又对他做了什么。内向的叶子，除了默默垂泪，早已说不出一句话。当我把事情当着叶子的面转述给他母亲时，叶子真的如那风中飘零的叶子，差一点就簌簌发抖了。

当年 25 岁的我，觉得自己何其了得，这样的教育手段，叶子怎敢再有下一回？

我们常认为今天我对你的“不好”，是为了成全明天你的“更好”。可是，“今天”也是人生很重要的一部分啊。

2

时光再往前回溯，工作之初的第一个月。

班里的一个小男生作业没写，我把他叫到办公室训话，还狠狠地推了他一下。记得学生一走，坐我旁边的蔡之夫老师就笑了，他说，以后，你就不会这样了。以后，我为什么就不会“这样”了呢？当时的我百思不得其解。但是，这句话，我却深深地记下了。

现在回想起来，我确实早就不“这样”了。尤其是接手这一届学生后，差不多 500 天了，我似乎都没有批评过他们。

路上遇见孩子们，我会像我的老师叶志满先生那样，主动地微笑、问好，就当他们是我的同事和朋友。孩子们调侃我的不上锁的“宝马”自行车，我也会遂他们的心愿，让他们在路上骑一下。街上遇见放学的孩子，会摸一块刚买的小糕点塞给他。周末在商场遇见孩子，会用最一本正经的表情胡说八道：“这位帅哥 / 美女好面熟啊。”等孩子从一脸茫然中反应过来，他 / 她会把眼睛笑成一条幸福的细线。

当孩子们的作业全都“没法看”时，我会想，我昨天布置作业的时候，是哪个细节没处理好，导致他们都没听清我的意图，而不会把全班同学都训斥一番，然后彼此不开心。有孩子好长一段时间萎靡不振，上课也趴着，我会想，这孩子最近的情绪出了点问题，我可以怎么做才能够帮到他？有孩子作业一直潦草，甚至都不成行，我会想，这真的是学习态度问题吗？会不会是婴儿期不当的养育习惯带来的感觉统合失调的行为问题呢？

再也不会气鼓鼓地，像那池塘荷叶上的青蛙了。

3

书教着教着，心咋就柔软了呢？

回想起来，气鼓鼓的青蛙和慢悠悠的蜗牛，对学生的爱心与责任心，应该是没什么区别的。从教学的业绩来看，差别也不是很大。但是，从教育的长效来看，差别是明显的。

当你是气鼓鼓的青蛙的时候，你用你的高压的手段，让孩子发现自己的种种“问题”，然后再是轮番讲大道理，让孩子处于内疚、恐惧甚至愤怒中，而这些意识的能量级别都是很低的，甚至会转变成对孩子的伤害。

而当你是稳定而喜悦的小蜗牛的时候，你会激发起孩子对自我的肯定，他会觉得学习是多么美好，生活又是多么美好，此刻又是多么美好。宽容、喜悦、平和，这些意识的能量级别都是很高的，会点亮孩子内心的明灯。

我们常用“我是为了你好”的幌子，来实行我们简单粗暴的教育，我们常认为今天我对你的“不好”，是为了成全明天你的“更好”。可是，“今天”也是人生重要的一部分啊，今天孩子们感受到了人生的美好，他对未来的“更美好”会充满期待。

“练槌搭”常让我警醒，也真的很感谢叶子，能宽恕我的妄为。

2019 年 4 月 15 日

2 我也曾经是"柯南"

写下这个题目，心里有些沉重。

5 元 钱

刚当班主任，是 1994 年。那时农村的中学，条件简陋。我们的校长不爱喝水，学校也不给师生供应热水或凉水。于是，跟孩子们商量后，集了一点班费，每天由同学轮流去山凰街上茶店里买两瓶热水，每瓶 5 分钱。班费统一由生活委员保管。

有天课间，生活委员和班长押着小辉同学来到我的办公室。经过这两位能干的班干部的解释，我知道了事情的原委：体育课结束后，生活委员发现藏在抽屉里买水的 5 元班费不见了，而小辉是体育课前最后一个离开教室的。那时的 5 元，对农村孩子来说，不算小钱。于是，着急的她联合了班长，对小辉展开了审问，并搜了身、搜了抽屉。没有结果，才"押"着他来见我。用上"押"字，并非失当，当时两位班干部的架势，确实如此。

当着大办公室十几位同事的面，菜鸟我很想展示才华，毕竟也是看侦探小说长大的。果然不负众望，短短 5 分钟就破了案：我在小辉的鞋子里找到了这 5 元钱！当时内心好一阵激动，甚至觉得自己是真有破案天赋的，而这两位班干部更是对我的"神功"景仰膜拜。她俩回到教室一宣传，我的威望立马飙升。

略感遗憾的是，见证我"神功"的十几位同事，没有一位为此点赞。

按照我当时定的班规，"偷一罚十"，第二天，小辉同学带来了 50 元钱。语文课前的"微班会"上，我还就此事对同学进行教育。杀鸡儆猴，以儆效尤，古人的智慧被事实证明确实有效：自此班里再无失窃行为，小辉同学也从此"低头做人"，成了乖学生。

原来，自以为是的我是在用一个更大的错误来惩罚先前的错误。

50 元 钱

此后的第二年，我调到了新的学校，忙碌的工作，让我早就忘记了曾经的小辉。在后来漫长的班主任生涯中，也曾"破案"数起，精准神速、雷厉风行。曾为此得罪过家长，也曾有不知"案情"的家长跑到学校大闹，我都默默扛下来了。因为觉得责无旁贷，自己从小接受的教育都是要把一切罪恶的念头扼杀在萌芽状态，从小不教育，长大了就会走上犯罪不归路。

就这样一路兢兢业业，教书的同时，兼职做起了"柯南"，自己被自己感动。

直到 20 年后，有天傍晚行走时，脑海里灵光一闪地，突然就重现了这 5 元钱和 50 元钱。并且，这 50 元像一道光一样地在夜空里闪过：

这 50 元是从哪儿来的？

当时农村的孩子，是不太可能有此存款的。跟父母要，怎么开得了口？父母会轻易给吗？这么一想，真让我震悚！

原来，我是在用一个更大的错误来惩罚先前的错误！

小辉只是个 13 岁的孩子！两位班干部当着全班同学的面，搜身、搜抽屉，严重践踏了他的人格尊严；我的"柯南"做派，更是让这个孩子无处躲藏、无地自容；小辉拿这 5 元钱，背后有没有难言之隐？小辉回家"筹划" 50 元的罚款时，又该是多么慌张和无助；农村学校划片招生，大部分同学都是村前村后的邻居，漫长的岁月里，他要为此承受多少当面或背后的指指点点！

孩子的不良行为，是要指出并教育的。可是，作为专业的教育者，我们的教育，真的"专业"了吗？我们喊了那么多年的"以人为本"，我们真的把"人"的真切感受当作教育之"本"了吗？

这 50 元钱，让我在做了 20 年的班主任后，才后知后觉地开始反思我的教育，开启我的教育思考之路，也才有了后来我的教育主张：如水的德育关怀和柔软的教育艺术。

一盒彩铅

去年 5 月，中考前夕。大课间休息时，德育主任打电话让我去一下。主任抱歉地说，据失主举报并查看校园监控视频，确认我们班的两个女孩子周末来到教学楼，翻窗进入别班教室，出校门时手上多了一袋东西，即失主的一盒彩铅。有图有真相。

但是，真相到底是什么？视频上我们所看见的真的就是真相吗？据我三年来对这两个孩子的了解，她们绝不会为了贪图一盒彩铅出此下策。何况，视频上两人神态自若、谈笑风生。出校门时，铅笔袋也是大大方方地敞开在阳光下的。后来了解，果然有“内幕”：其中的一个女生小桐和初一的一个男生也即失主因琐事有纠纷，小桐“斗”不过，于是想拿走那男生的文具来解气。

如此，事件的本质便有了不同。跟德育处协商后，再跟失主协调关系，商量归还方式，然后就此事让两孩子反思自己的失当之处，吸取宝贵的教训。当然，更要借此给小桐敲敲鼓了：中考在即，必须放下所有杂念，全力以赴求进步。

可能是时机刚好恰当吧，这番教育后，小桐发奋学习，一个月的冲刺后，考上了重点高中。

今天回头再看这故事，如果我依然热衷于做“柯南”，小桐会是怎么样？又会是在哪里？我不禁吓出一身冷汗。

班主任一项很重要的工作是育人。育，养之则盛矣！我们给予孩子的，应该是滋养。就像孩子摔倒了，母亲会在旁边鼓励他站起来；就像苗圃的花长弱了，园丁会培土、施肥；就像庄稼长杂了，农人会小心地拔除一根根稗草。

我为自己曾经是“柯南”而羞愧。这么多年过去了，也终于明白为什么当年的同事们不为我的“柯南神功”而点赞。

2018 年 9 月 26 日

3 慧海，我是你一个人的班主任

有些故事，已经发生；有些故事，即将上演。

1

这学期，慧海一直是班里最让老师烦恼的孩子。

你看，9月初，学校人人都穿校服，白色短袖，素净清雅；慧海呢，偏偏穿着黑色T恤，加上他一米八的大高个，在教室内外分外招摇。班主任天天讲，跟父母也提醒过，结果，他穿了校服进校门，立马去洗手间又换回黑色T恤。“牛皮凿洞”，我行我素。

你听，课前两分钟，准备新课的提醒铃声已响遍校园，慧海依然“神龙不见首也不见尾”，直到上课铃声响后五秒，才施施然从小超市摇摇晃晃地出来。节节如此。偶尔也有课间待在教室里的，结果上课铃声刚响，就大爷一般地缓缓站起，左右颤动，慢慢“晃”向洗手间，一边还不忘大声对着老师说“拉嘘嘘去”，引起同学一番哄笑。

老师们急了，约他谈话，慧海一言不合，火气上来，甚至连骂人的话都会脱口而出。跟家长反映多次，爸爸骂他“你反正是个烂头，我不管了”，然后拂袖而去；妈妈无奈之下，只会反复说“我也没办法”。慧海天天回去挨批，窝着一肚子火，干脆连作业也常常不做，上课也是经常趴着，结果在“家校微信群”里又屡屡被点名。

2

可是，就是这个慧海，一年多来，一直是最忠实的“语文课铁杆粉”啊。

你看，每节语文课上，腰杆挺得笔直，哪怕夏天汗透衣背，也依然会目光炯炯。教授口语交际“讲述”一课时，我拿出手机记录同学们的精彩，慧海用

当我们把梦想广而告之，心底会不会升腾起更多的力量来使美梦成真呢？

眼神和手势示意我他要出去一下。没想到，回来时他已悄悄地换上了校服，还很有创意地邀了女生，用歌唱的方式讲述了一段经历。课后，在走廊遇到，我笑说："没想到，你穿白色的衣服，竟然很显瘦呢，真帅！"慧海笑开了花，这之后，慧海再也没在校园里穿黑色 T 恤了。

你听，每次遇见我，慧海都会大声地喊："老师好！"有时甚至会辅以大幅度的鞠躬。昨天午餐后，我骑车离了校园，已拐进北山河畔的绿荫道，依稀听到远处有人在高喊："张老师！"回头，来来往往的白衫蓝裤，分辨不出那一声喊的是不是我。正待前行，喊声又起，连续两声，循声而去，只见慧海正从小卖部里抱着饮料出来，一脸开心，见我挥手，忙腾出一只手，大力地挥舞。

这样喊你的孩子，真的是很喜欢你的。

3

心里一动。上午大课间约了慧海。

"商量个事呢！"

"啥事？"慧海有些紧张。

"你知道的，我最近在写小蜗牛故事，想写你。"

"写我？写我什么？"慧海害羞地低下了头。

"写我和你之间的故事。我呢，当了 23 年的班主任，现在体力不行啦，做不动了。但我喜欢这个工作，我想当你一个人的班主任。"

"为什么是我？"慧海抬头看我，一脸迷茫。

"感觉和你有缘分吧。你看，两个班级，我只做你一个人的班主任。校长没任命，也没工资的，我就是自己想这么做。如果你同意的话，以后你的事情，都跟我联系，任课老师也不用总是找你父母。你觉得怎么样？"

"嗯！"慧海使劲地点点头，眼睛亮亮的。

"班主任"开始工作了。询问了上节英语课不断用头撞课桌的原因，让他自己分析症结所在：情绪管理不到位。于是，一起回忆了愤怒情绪管理的方法，再精简到两步法：深呼吸、喝水。

然后，我送了一个小布囊。要他在负面情绪发生时，在小纸片上记录产生的缘由、身体的感觉、应对的方法、持续的时间。折叠后，放进“锦囊”，并在抽屉深处藏好。

接着，我们约定，两年后，毕业时，我们要看到这样的一个慧海：身材挺拔、讲话文雅、快乐向上。

当我们把梦想广而告之，心底会不会升腾起更多的力量来使美梦成真呢？

已经发生的，只是故事的开端；即将上演的，才是我的期待。

期待校园里多一个美丽少年，期待未来的时光里多一个美丽的故事。

2018 年 11 月 6 日

4 看了《哪吒之魔童降世》，才知道当年自己只是陈塘关的老大爷

1

昨晚去看电影《哪吒之魔童降世》，先是看得很开心，很带劲。

然而，当电影播放到中途，哪吒在房顶，无聊地跷腿抱怨时，我竟然走神了，脑海里蓦地闯进了一个人，那神情、那姿势、那言语，与此刻的哪吒是如此相似。直到此刻，挥之不去。

那是我教学生涯中最“硌得难受”的孩子，是我唯一一次跑到德育处请求学校处分的孩子，是所有任课老师、同学、家长都巴不得他转学的孩子，是用报纸包着钢管藏在课桌抽屉、据说随时要打老师的孩子。每一点，都是平生唯一。我今天能平和地称他“孩子”；当年，几乎所有人提起他，都说他是个“烂头鬼”，就像陈塘关所有的百姓都喊“哪吒”为“妖怪”。

他叫小松。在校园里“劣迹斑斑”，打架、斗殴、抽烟、逃学、辱骂老师，无所不为。初二休学后，辗转去了三个学校四个班级寄读，都是一个月不到，就被劝退。到我的班级，是因为他复读时间已到，教务处通过抓阄分配来的。我们班，是他上初中以来就读的第六个班。我们组的老师都忧心忡忡，初三了，摊到这么个“宝贝”，这可咋办？

开学了，见到小松，有些意外，他好像也没有传说中的那么“痞”。这个大男孩白净秀气，字写得挺好看的，也没看出有什么特别的戾气。

我决定去“遗忘”关于小松的所有传闻。

其实，当你看见孩子的好，孩子也就会把好的一面展现给你看。教师节的征文比赛，学校要求每班报送两篇，小松的那篇被我选上了，小松很开心，见到我都笑眯眯的。

你的内心足够柔慈宽广了，你的爱才法力无边。

中秋节那晚，小松还和另两位男生，合伙买了一盒很漂亮的月饼，一路尾随，敲响我的家门。那时，我们的笑颜，和那晚的月亮一样明亮。

2

但小松毕竟还是小松。我们相处的“蜜月期”一过，他又做回了原来的自己：随意迟到、旷课；上课不听讲、作业不写；一旦有老师批评他，就出言不逊，恶狠狠的难听话喷薄而出；更可恨的是，有几次，因为一点鸡毛蒜皮的小事，他竟然邀了外校的高中生来殴打我们班同学，下手很重，但因为他自己不出面，学校也不能拿他怎样，同学们都是敢怒不敢言。

小松就像影片中的“魔童”哪吒，引起公愤。

因为小松，班级原本良好和睦的氛围，突然就变得紧张了，家长们也很焦虑。大伙都像陈塘关的百姓一样，对小松又生气、又惧怕。

小松在校外也常常惹事，常有外校的高中生过来找他，有时也来“修理”他。有一回，他被修理得整整一周都鼻青脸肿，像是“熊猫”。大伙不敢当面嘲笑他，但都偷着乐：哈，你也有今天！有一回，我也在校门口亲眼看见小松和外校的一个学生打架，小松打架毫无章法，像“虾姑”那样手脚并用，乱弹，不要命地乱弹。

此刻，当我码出这些文字的时候，我惊讶自己当时为什么不像哪吒的母亲那样跑过去“护娃”，保护自己班级的孩子，这应该是一个班主任的本能啊。

影片中，哪吒后来决定斩妖除魔了。他为了救出小女孩，倾尽全力与海夜叉斗法力，手臂都一度被石化。但当村民们赶过来的时候，海夜叉已遁回大海。因为成见，大家误以为又是哪吒在祸害小女孩。于是，指责、谩骂，汹涌地喷向哪吒，这些都是比海夜叉的唾沫更能摧毁哪吒意志的力量。

在人群中，我看到了那个义正词严、道德标杆一般的老大爷，内心突然一凛：老大爷的样子，正是那年的我！

我和周围的师生一样，我们对小松都是有成见的。校园里的传闻、班级里的表现，已经在大家心中留下了山一样的成见：小松就是个凶暴、不讲道理的“渣学生”。成见在心，即使你想对他有格外的关爱，但在细节处，还是会暴露你的“轻蔑”的。一旦小松捕捉到了这种成见，青春期的男孩往往都会选择自我放逐。就像影片中的哪吒：他们把我当妖怪，我就当妖怪给他们瞧瞧。

观影的时候，导演用的是上帝的全知全能的视角，很容易让我们对“魔童”哪吒生出同理心。而现实中，“成见”蒙蔽了我们的眼睛，你又哪来的力量能拥有上帝的视角？我们往往以“灵魂工程师”自居，自以为是正义的化身。

3

隔了那么久远的时光，是“魔童”哪吒，使我终于感受到那一年小松的孤独、拧巴和不知所措。

此刻，我真想用怀抱、用慈颜、用善目、用软语拥抱小松这孩子。

但当年的我，真的就是陈塘关的那个老大爷啊！

在众人的成见面前，只会审判、批评、隔离，还有蔑视。蔑视的眼光，真的是把刀啊，或者是点燃了的导火索，能引爆孩子的炸药库。

如果，在那个 9 月，难得的“蜜月期”，年轻的我能够有足够的耐心和持久力，能更懂一点教育的艺术，小松又会是怎样的呢？

做教育的，真的要像德育专家余国良老师说的那样，是要“养”啊——养大我们的爱心。你的内心足够柔慈宽广了，你才真正具有爱的无边法力。

就像哪吒的父母——李靖夫妇那样，也像哪吒的师傅——太乙真人那样。

2019 年 8 月 2 日

5 你的班上肯定也有“小邵”

“并不是每个孩子都有聪明的一面，总有一些孩子在任何一个智能方面都不占优势。”

——丹尼尔·T. 威林厄姆

1

小邵是我班里的学生，早上给了我惊喜。

我今年教八年级，是语文老师。

昨天教的是哲理散文《永久的生命》，自读课文，需完成自读报告，其中一项是制作哲思小卡。白色的书签纸，彩色的穗子，是网购了赠给孩子们的。隆重一点，也是为了仪式感：一面录下文中的生命金句，另一面写下对生命思考后的“凡人凡言”。我一直以为，德育，其实在学科教育中渗透才是最合宜的。制作这样的卡片，便是引导孩子对生命进行庄严的思考。

一张张卡片真是漂亮啊，制作精美，“金句”频出。

突然，一张卡片映入眼帘，天啊，这是小邵同学交的作业！进入初中快三个学期了，这是他交的第一份作业！

我心里一阵激动，忍不住告诉了全班同学。掌声雷动。

大家纷纷看向小邵，脸带欣喜。

小邵害羞地笑了。

2

记得刚入学，小邵就把我给惊住了，小邵竟然是不认识汉字的！尽管以前接触过很多的学习迟缓者，但是，好歹常用的汉字还是认识的。

记得第一课是朱自清先生的《春》，小邵坐在座位上，什么也不做，也不

我们的好奇心，只有在遇到自信能解决的问题时才会被激发。

翻书。走过去帮他翻开课文，他还是毫无作为。让他念来听听，他却一句也不会。七年级了，以后的阅读、理解、鉴赏和写作，怎么跟得上同伴的步伐？这可咋办？

待定下心神，暗下决心，要给小邵开个小灶：每天教会他认两个字、念一句话。

好吧，就从“盼望着，盼望着，东风来了，春天的脚步近了”开始。不知道是我没教过小学低段不得法，还是小邵紧闭了学习的大门，20 分钟的晨读结束了，这一句还是不会念。

这样坚持了一周，真的很难坚持下去了，因为班里其他 44 个孩子还需要照管。

可是，小邵怎么办？

好心的澜若同学主动请缨，每天完成自己的学习任务后，再负责一对一教小邵。然而，中学的学业紧张，加上没有效果，最终也难以为继。

3

就这样，有正式学籍的小邵，成了班里的“旁听生”。

听不懂任何一节课，也完成不了任何一项作业。每天闲坐，表情淡漠。有时上课讲到风趣处，人人都开怀大笑，唯独小邵不知所云。久而久之，每个课代表核实作业情况时，也都忽略了小邵的存在。

只有在劳动时，小邵才有存在感。每一天，负责给班里的 20 盆花浇水，给教室的两个书柜除尘。班级的整洁漂亮，小邵功不可没。

而在学业上，所有的任课老师都心痛却又无能为力。因为知识的传授是需要原有的知识做基础的，小邵连字都不认识，又教不了新字。而中学阶段，阅读、鉴赏都需要背景知识打底子的。我也反复琢磨，怎么能让课堂吸引小邵。认知心理学家说，教学的内容与学生“相关”，他才会觉得有趣。我努力地在课堂里插入故事、同学的辩论、脱口秀等，然而，效果有限。

七年级上学期的期中考试，小邵的语文考了 6 分。

4

就在今天早上，小邵竟然交上了一份作业，怎不叫人欢喜？

我把小邵的书签作业夹在书页里，上课时，瞥见紫色的穗子垂下来，都在窃喜。回到办公室，拿出来一再打量，卡片上除了一笔一画描下来的句子，还有很多小画，我试图从小画里发现一些奥秘，一时也没发现画中的内容之间有什么逻辑联系。数学老师看见了，会心地笑了，说昨天的数学课，小邵都在这张卡片上用直尺很仔细地画。

小邵对画小小的插图有兴趣！

于是，马上带着多余的卡片和穗子去找小邵，让他每一篇文章学完了，就做一张学习卡片，要抄录文字，还有插图。小邵愉快地答应了，眼睛里终于有了一个学习者应该有的光彩。

是啊，我们的好奇心只有在遇到自信能解决的问题时才会被激发。

在义务教育阶段的教室里，相信你的班上也会有“小邵”。学习迟缓者，在学生中有 5%—10% 的概率出现。但真正难以接受的是“拒绝学习者”，每一个“拒绝者”的表现是相似的，但背后的原因各不相同，而他们的“好奇点”更是因人而异。

尊重事实，尊重差异，尊重每一个生命个体，这是从教者的“核心素养”；找到方法，拨动心弦，激发每一个孩子生命内核向上的动力，这是从教者的“教学难点”。

小邵的学习之门，只是打开了一丝缝隙。

教育之路漫漫，我们都在路上。

2018 年 12 月 2 日

6 你也长着“教育脸”吗？

气球、橙子、彩虹糖，本风马牛不相及。与教育，更是差着十万八千里。可在某些时刻，却神奇地连在一起。

气　　球

千禧年元旦的前一天，还未进教室晨读，就被宿管阿姨拉住诉苦：“你们班男生啊，昨天晚上一直玩气球，一直到12点才睡下。”

走进教室，更是气不打一处来：教室四面的墙上，粘满了五颜六色的气球！一个个膨胀着，挑战着我的“师道权威”，根本无视我刚颁布的“熄灯后讲话，蛙跳三圈”的“铁规”！

我的脸，一下子就僵住了，眉心紧锁，目光如炬，欲搜出“带头大哥”。

“是我的主意，这是同学们送给老师的礼物……”腾同学小心翼翼地解释。

“不要你的礼物！蛙跳！”我盯住他，恨不能每一个字都能伴随着子弹的力度射出。

腾同学也用夸张的动作回应：把气球一个个扯下来，抬高腿，一个个踩碎。

每个气球里，竟然都飘出一张祝福的字条！原来，全班同学早就“谋划”好了，只等着千禧前的那个清晨，用一个教室的缤纷来呈上对老师新千年的爱！

我被钉在原处，面目可憎。

彩　虹　糖

彩虹糖装在玻璃罐里，五颜六色的，三岁的女儿特别喜欢。

终于有空陪女儿买上了，三岁的小娃欣喜过度，玻璃罐子摔在地上，伴随着刺耳的碎裂声，赤橙黄绿滚了一地。女儿惊呆了，眼泪也随之滚了下来。

出了校园，你是否还是小区里的“老师”，服装店里的“老师”，甚至还是家里老母亲的“老师”？

她犹豫了一下，踮起脚，终于够着了一瓶新的。

我从她的小手里抽出瓶子，放回原处。

“不行。”我开始说理，“你已经买过了，是你不小心弄碎瓶子的，你必须为你的不小心负责。”说完，拉起她的小手就要离开。向来乖巧冷静的小娃，忍不住哇哇大哭。

孩子的良好品行须在小事中养成，奉行这个理念的我决定将“残酷”进行到底。后来，店里的陌生人买了一瓶相赠欲安抚她，店长也说可以免费再拿一罐新的。当然，都被我“坚定”地拒绝了。

那个时刻，在飘着麦子芳香的面包房里，在三岁小娃和陌生的人群中，我的脸上却写着“教育”。

橙　子

橙子性寒、味酸。在温岭民间，食用橙子，和洗冷水澡一样，均属坐月子大忌。当然，现代的西医是不反对这些的。

可能产后能量足吧，那一个月，怕热、贪凉，特别想吃水果。春天的橙子，酸甜清凉，口感超好。不但分解了高能量月子食物引起的油腻之感，可能还缓解了新生命带来的兴奋、紧张和焦虑。只是，在忍受了长达五年的腹泻之苦后，有一天，后知后觉地猜想，橙子性凉，会不会是腹泻的“罪魁祸首”呢？可那时，母亲和大姐是天天和我在一起的呀！

“我压根没想到你也会犯错啊。”大姐非常自责，“是啊，温岭民间的说法，哺乳期怎么能吃酸呢？”

“我明明知道这个民间禁忌的。”母亲的懊悔持续了很多年，“心里总觉得你做的都是对的，哎，还天天看着你吃。”

于我，却是震悚。

我只是你们的女儿和妹妹呀，凭什么我的言行在你们眼里就是准则呢？

“教　育　脸”

后来，终于知道，因为我是老师，长着一张“教育脸”。

这张“教育脸”，从走上讲台的第一天起，早已不知不觉，与自己的脸一起，融为一体。亲爱的同行啊，你是否也和我一样，长着这样的一张“教育脸”？也许，你和我一样，并没见过多大的世面，甚至也没读过几本专著，既跟不上学界的最新理论，学识素养也与“学术”不沾边。放眼整个社会，我们其实根本算不上一个真正的“知识分子”，只是熟悉与本学科相关的一点“知识主干”而已。

但是，讲台是有“能量场”的呀，你天天传道授业解惑，被年幼的孩子景仰，你俨然成了孩子心中的“权威”。一直没有反对你的声音啊，慢慢地，你可能误以为自己就是“社会正道”的代言人。“自以为是”久了，连周围的人也觉得你都是对的。

哪怕出了校园，你依然还是小区里的“老师”，服装店里的“老师”，甚至还是家里老母亲的“老师”。

18 年过去了，腾同学从没在同学会中露面；女儿 15 岁了，还记得 3 岁时彩虹糖带给她的难受。“教育脸”给出的伤害，还潜伏在时光的阴影里。

放下“我要教育你”的傲慢，真正懂得接纳孩子、观察孩子、感受孩子。在孩子表达爱的时候，欣喜地照单全收；在孩子需要你的时候，伸出你的手，就是最好的培育。

橙子提醒我，是该照照镜子了：看眉头渐渐舒展，看笑眼渐渐清亮，看嘴角渐渐上扬。就是这样！

你心柔软的样子，才是教育最好的模样，也是教育真正发生的时刻。

2019 年 1 月 6 日

7 你重复了谁的批评？

1

寒假天天在家，与家里的小猫小 mil 抬头见，低头也见。有时它顽皮过度，难免会骂它几回。一般都是语气恶狠狠、表情很“浮夸”。

摘录常用批评语如下：

死小 mil，你又做坏事啦？

死小 mil，你再贪吃，不跟你好了！

有时它什么也没做，也会逗它几下，就像我下楼倒垃圾它也想跟出去时：

死小 mil，你又要去跟小黄约会了？

死小 mil，你再出去，就别回来！晚上关门外可别怪我！

有天，正爽快地大骂之时，空气中突然好像出现了一块大镜子，我在镜子里看见了一个陌生的自己：这是谁？为什么会说着这些陌生而又熟悉的语言？说陌生，是因为提倡“如水的德育关怀”的我，不会对我的学生和我的女儿说这些伤人的粗俗的话；说熟悉，是因为这些难听话就是从小听到大的呀。

为什么，我会脱口而出这些威胁的话呢？为什么，我偏偏只针对小 mil 说呢？我明明是宠它无度的呀，是因为觉得它听不懂而不会对它造成伤害吗？

原来，我们每一个人，都会有第二套教育语言，它潜伏在后天习得的第一套语言之下。我们曾经耳濡目染又被我们抛弃的语言垃圾，会在我们的不经意间，突然地，就冒了出来。

2

记得我念初二时，因教学楼拆建，我们搬进了美丽的解放楼。临近期末的某天早上，我发现我的凳子不见了。全班都坐着晨读，独我一人站在那里，很多时候，脱口而出的批评不是你自己的话，而是你从小就听惯了的别人的话。

很尴尬。内向的我，只会等着老师来解救。

终于等来了先生，也等来了先生的一句批评："凳子不保管好，弄丢了，人怎么没丢？"

惶恐的我害怕先生再让我赔偿，根本无力去申辩我的委屈：大晚上的，教室里的凳子，我怎么保管呢？站了一上午之后，中午去寝室寻了"替代品"——盛米的圆罐子。幸好室友相助，再借我一个。于是，在解放楼的最后两周，我是坐在叠放的两个罐子之上，战战兢兢度过的。

先生是我一生都尊敬的好先生。先生的这句批评，又是多么耳熟啊。

女儿念小学时，帮她代拿落在教室的作业，门卫师傅这样训我："作业落了，人怎么不落了？"

学生来办公室解释作业未交的原因，我们的老师是这样训的："作业落家里了，人怎么不落家里？"

明明知道这样的批评不合理性、不合逻辑，为什么我们还是一代代地重复、一遍遍地伤人？

3

初二男孩涛涛有些腼腆，尤其面对老师的问询，因为紧张，往往接不上话来。不知是因为涛涛长相可爱，觉得逗着好玩，还是老师真的就是关心，要找到症结所在。总之，老师笑眯眯地问了："涛涛，你口吃吗？"

涛涛有些恼了，但忍住没发作："没，没有。"

老师继续探究："那你爸爸妈妈，口吃吗？"

涛涛已经是强忍怒火了。

老师还要"刨根究底"："那你的爷爷奶奶、外公外婆中，有人口吃吗？"

这时的涛涛已经忍无可忍了，眼泪夺眶而出。一个月后，当涛涛向我说起这件事时，依然是满腔怒火：你可以看不起我，但不能侮辱我的家人。

我知道，涛涛是曲解老师的问话了。我们有些成年人，只是习惯以调侃的方式对待孩子啊。大人们怎么也不会想到，这样的调侃，若被会错意，会给青春期的孩子带来多大的痛苦。涛涛后来选择了转学。

而这样的“调侃”，我们是这样的熟悉。

儿时，母亲去外婆家了，邻居：你娘被尼姑堂拉去做尼姑了！

家中添二宝了，大人拉着大宝：你爸妈不要你了，都喜欢二宝啦！你的财产也要被二宝分去一半啦！

见到学生书写潦草，老师批评：狗爬字！

很多时候，脱口而出的不是你自己的话，而是你从小就听习惯了的别人的话。我们教育学生时，会察觉：这不是我的老师曾经教育过我的话吗？我们管教自己的孩子时，也会诧异：这不是我妈当年对我说的话吗？

教育，向来是带着“经验”的。书经的指引、前辈的言传身教，再加上个人的揣摩和领悟，它需要理性和慎重。

而批评，往往是瞬间的行为。如果不经思考说出来的话，可能会有灵光乍现，也有可能泥沙俱下，你带出了你在不自觉中积累的“垃圾经验”。

不妨时时翻检我们的批评常用语：你重复了谁的批评？

批评，请等三秒再开口！

2019 年 1 月 18 日

8 排座位，你不知道的那些事儿

“未知那小将军，怎生排兵布阵，运智铺谋，有何计策，保某赴会去也”。

昨晚读到《临潼斗宝》的这句唱词，不知怎的，就想到了我们班主任排座位。每次调换位置，看着简简单单的几十个位置，为了保证教育的公平、合理、至善，每个小小的班主任，运筹的可都是“兵法”的谋略啊。

春晚小品《占位子》的“C 位”之争，引发民众热议。然而，内行人一看就笑了，强占的固定的“C 位”，有什么用？教室里，真正的“C 位”在哪里，你知道吗？

排座位，你不知道的那些事儿，才是奥妙。

跟谁坐，远比坐哪里重要

传统的座位安排，以方形分行列为主。大组之间，肯定是要轮换的；前后，也几无优劣之说。教室不是大剧场，分甲乙丙类票。小班化后的教室，更像小剧场，每个位置都是最佳“观景台”，并不分等级。新兴的小组合作编排以及圆形座位编排法，更注重“人人平等与合作”。所以，从座位的“硬件”来说，并无“C 位”之说。

因此，邻座的同学就很重要了。一个人，童年时的重要他人是父母，小学时代是老师，到了中学，同伴才是他的重要他人。跟谁同坐，就会感染谁的气息。若能志趣相投，长短互补，彼此相安，自是学生时代一大幸事。如果摊上一个让你心烦的同桌，或是邻座，不管你是坐在前排正中，还是整个教室的最枢纽位置，你的位置，都不是让你愉悦的“C 位”。

因此，每当考虑重新排座时，我都特别慎重。有时候，我在教室里反复琢磨，怎样排座各得其所。

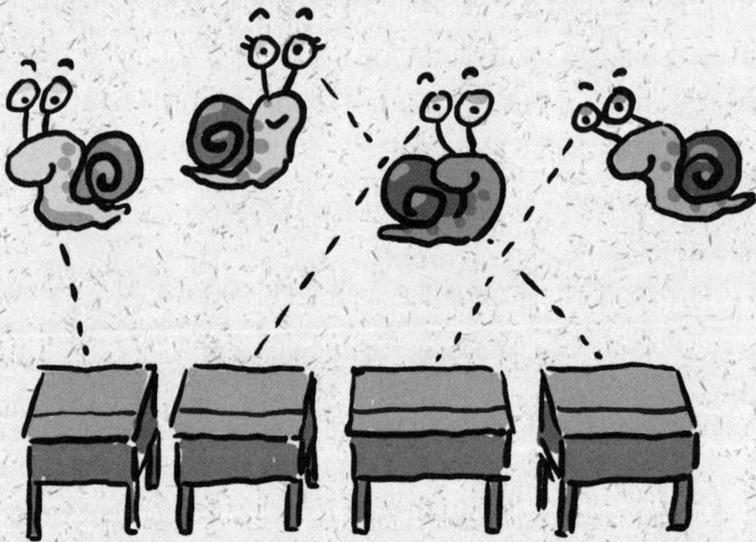

摊着让人窝心的同桌，不管坐在哪里，你的位置肯定不是“C”位。

同桌性格相契比成绩互补重要

很多同学以及家长，都希望同桌的成绩比自己好，能给予自己帮助。殊不知，成绩好的同桌未必能帮到你。

我念高二的时候，曾很庆幸同桌云是英语课代表。然而，接触下来才知道云给了我多大的“压迫感”。若问她问题，她会直接告知答案。当我鼓起勇气再让她讲详细点，她就一个眼神甩过来：咋这么笨？因为没有真正明白，第二天遇见同类问题，还会小心翼翼地再问，一个更严厉的眼神就会射过来：昨天不是问过了吗？

一年下来，我非但没受益，反而自信心大受打击。

近几年学了性格色彩学，知道我是蓝色性格，多思、忧郁、爱完美。云这种“行动派”的黄色性格，让我很是受伤，加上当年内向、害羞，与云同桌，很不自在，也影响“自我悦纳”。高三时，跟温和安宁的绿色性格的雅做同桌，不管我何时何地问，问几遍，雅总会耐心地告诉我。于是，既搞懂了问题，又培育了信心，成绩自然突飞猛进。如果，我是以快乐为原则的红色性格的人，就不会计较云对我的态度，那么，跟云同桌而坐也是可以和谐并进步的。

就像我们班蓝色性格的学霸渊同学，跟绿色性格、成绩考个位数的帆同学坐同桌，成绩不受影响，还处之愉悦，收获了友情。然而，渊同学父母提出要求，要孩子跟同样是学霸，性格以蓝色为主、黄色为辅的轩坐，结果两人表面上啥也不说，但私下里却向别人倾倒各种苦水。

因此，排座的时候，我会考虑身高、成绩，但更会考虑彼此的性格色彩是否相契合。坐一起感觉舒坦的，产生的能量级别，肯定高于坐一起感觉别扭、压抑的。

班主任，还真得是个有心人，才能排出好座位。

告知原则比默默关爱更重要

好多孩子及家长，见惯了社会上的各种不平事，总习惯性地怀疑自己受到了“怠慢”，尤其是在座位安排上，总觉得孩子没坐在“好位置”上。因此，我都会集体告知家长、孩子，我排座位的几点规则：

我会尽量公平公正，每一个孩子都有权利得到尊重；

在我排之前每一个同学都可以提要求，我会帮忙做个评估，若合适的都可以满足；

安排座位是需要统筹的，牵一发而动全身，排妥后，尽量不再提调换要求；

高个子若想坐前排，可以坐第一桌及最旁边位置，这些位置是不会遮挡别人视线的；

每个月按序向左平移一大组，一学期大调动一次（不建议太频繁地调换）。

原则讲清了，就会建立信赖关系，也会明白小小的排座位背后隐藏的科学原理和人文精神。好关系，胜过好教育。这些，不正是我们要传达的吗？

懂得了个中奥妙，你还会盲目地傻傻地去“抢位子”吗？

2019 年 2 月 20 日

9 你还记得怎么烧旺灶膛里的柴火吗?

小时候，最让我有挫败感的，莫过于给灶膛添火了。

1

冬，是我的好友。

曾经，我俩是最铁的闺蜜，每次见面，得有三天才能把想说的话说够。可就是这么要好的冬，有那么几年，我一看见她的来电就发怵。

那几年，她唯一肯跟我聊的话题，就是她的儿子。准确地说，是她儿子的问题。比如，儿子上初二了，她觉得他科学这科问题很大，跟我讨我们学校的科学试卷，要给儿子加练习题；儿子晚上写作业老往厕所跑，她觉得行为习惯有问题，跟我商量送往哪个机构的自习教室更合适；儿子周末喜欢看场电影，她觉得时间管理有问题，问我要怎么劝说才能让儿子放弃电影爱上刷题；儿子的同班同学喜欢看玄幻小说，她觉得班风有问题，跑去跟他的班主任沟通，不但无果还招来多方白眼，问我该怎么修复关系……不胜枚举。连哄带骗地给儿子报了五个辅导班，测骨龄，割包皮，牙齿矫正，视力矫正，这些时下很多妈妈都在满满当当为儿子安排的事儿，冬自然一个也没落下。

可是，事与愿违。儿子的问题仿佛越来越多，不只是学业出了状况，越补越差，就连精气神也出了岔，整个人仿佛失了魂，成了梦游的空心少年。

于是，作为初中老师的我，成了冬的救命稻草。隔三岔五地，就有电话过来，且每次一个小时都放不下。

当年校园里跳着孔雀舞的闪亮小仙女，活脱脱成了“祥林嫂”。

2

冬最不想看见的，最后还是真的来了：儿子不肯上学了，宅家“专业研

很多人尚未架起空间，或未等大木柴燃旺，就急着添加柴火。

究”游戏，性格也变得暴戾。就像一个刺猬，把自己蜷缩起来，用刺来对抗世界。

冬仿佛掉入了冰窖，让我帮忙联系了心理咨询师。

咨询师让他们每个周末过来，做家庭沙盘游戏。我做助理，负责每个游戏环节的拍照记录。我没学过沙盘解读，但就是我这个外行也看得出来：冬把每一个沙盘道具，一次次不厌其烦地往儿子那边放，她想帮儿子建立起一个美丽的“家园”；儿子却一次次筑起了防御工程，偏偏不让冬的“势力”蔓延过来。

我忍住冲动，谨遵学绘画治疗时导师的吩咐，决不点破。

也不知是沙盘让本就聪慧的冬看见了症结所在，还是她后来研修的亲子课程点醒了她。来过六次后，他们不来了，冬也没了以往“时不时骚扰”的电话。加上我自己也越来越忙碌吧，竟有好长一段时间，我对陷入困境的冬进行了“选择性遗忘”。等我“终于”想起时，已是一年过后，翻看她近来发的朋友圈，全是忙碌的工作和丰富的业余生活。

我放心了，忙工作忙娱乐的女人，不会是“祥林嫂”。

果然，某天冬告诉我，自从她不再“太管”儿子后，儿子舒心了：休学一年后，肯去学校了，原来的补习班砍掉了三个，晚上也在家自习，长高的“神药”也不喝了。初三那年，儿子提出要学吉他，还要养一条狗，她都爽快地答应了，没有像以前那样，提出种种的交换条件。

3

国庆那天，看冬在朋友圈发了儿子独自去四川的消息。我赶忙私聊她，询问孩子此去何为，因为她儿子高二了，且在省内名校，学业肯定是紧张的。冬说儿子独自远行是去旅行。语气平淡，一句了事。

这么豪放的做派，激起了我的好奇心，想要刨根究底。冬说，孩子现在爱生活、爱学习，都挺好的，只要孩子认为对的，尽管去做，她都支持。未等我慢慢消化，冬说她正忙，挂了电话。

只有两语，连三言都没有。

正是这种状态，我彻底地放心了：冬好了，孩子也好了。

想起冬和她儿子的故事，还有前言提到的你可能觉得莫名其妙的灶膛的火，是因为今天看到了曹专先生写的一段话：

> 在乡下烧柴火做饭的时候，会烧火的人总是先把几块大木柴架空，再慢慢添加柴火，这样火就能很旺。如果把一堆木头堆在一块，烟熏得眼泪都流出来也不见得能把火烧起来，再添些柴也无济于事。其实思想也是一样，如果我们任由信息和知识堆在一起，而不能架构起知识的框架，就难以产生思想之火。相反，如果能有一个稳定的架构，哪怕很简单，思想之火也能熊熊燃烧起来，随后再添加一些柴火（新的信息与知识），火就能越烧越旺。

曹先生说思想如此，其实，教育何尝不是如此？

冬的问题，也是我们很多为人父母者的问题。我们首先要做的，应该是先把几块大木柴架空，也就是帮助孩子构建起热爱生命的精神支柱。无须复杂，爱自然，爱生活，爱学习，爱美，即可。而事实上，我们很多人尚未架起空间，或未等大木柴燃旺，就急着添加柴火。尤其是看见别人家的灶膛烧得旺旺的，更是心急火燎地不断加柴，恨不得把灶膛挤得满满的。

冬当年给儿子的灶膛加满了柴火，今天的家长，很多不也是如此吗？“烟熏火燎”也不见得把火烧起来，甚至把原来还在燃烧的小火苗也挤灭了。坐在教室的、辅导机构的、家里网络学习平台前的孩子，有几成是让学习真正发生的？

冬的智慧，是在孩子的灶膛冷却了之后，不急不躁，做了减法，搭好框架，然后再次点火。等火烧旺了，再用鼓励和支持不断地给孩子鼓点风、加把劲，让孩子的灶膛再次熊熊燃烧。

后　记

我是家里四个孩子中的老小，小时候做的最多的家务是烧火。母亲点好火，把灶膛交给我看管，她就在灶上忙活。我不断地用火叉拨弄着，希望把火烧旺，然而几乎每回都是无比羞愧：火又灭了。母亲感觉到灶膛声音的变化，就会弯腰前来“救火”。母亲从不为此批评我，而是一次次地示范。我手笨，屡烧屡灭，母亲屡灭屡救，从不气急。就在刚才，我问母亲，是先用软火点着，还是搭好大木柴再点软火。母亲笑着说，一般是先烧点软火，等软火暖和了灶膛，再添柴吧。

我那只上过半年学堂的母亲，是我终身的老师。

2019 年 11 月 13 日

10 往事，也要再提

1

那一天，是秋季运动会的第二天。

大清早刚出门，突然想起答应浩远要归还他的MP3的，那MP3是他在上课时偷着听歌被我逮个正着，被我收缴上来代为保管的。昨天是约定的归还日，结果因为运动会开幕式琐事繁多，我把这事给忘了。

于是，回家取回。怕自己健忘，直奔操场，结果遍寻无着，同学也说早上没看见他。上午11点散场后，走向教室。到了后门，只见一堆同学围在讲台上，伸着脖子看向讲台正中的屏幕，不用猜就知道，肯定是哪个孩子用U盘拷了游戏过来玩。这个，在班级里是绝对禁止的。所以，我就一言不发地进了教室，站在讲台外围。敏感的孩子感受到了异样的氛围，一个个鬼精鬼精地溜回去了。最后，只剩下浩远，执拗地杵在那里。

可怕的沉默。

讲台下是全班45个孩子。

2

浩远毕竟年少，沉不住气了，突然大声吼道："你这个骗子！你说过还我东西的，为什么不还？你昨天骗我，今天又骗我！"伴随着的，是他胸脯的剧烈起伏。

这孩子，每次生气，总是无法自控。他父母在外经商，他寄宿的阿姨家，刚好与我同一个小区。有几次，他的犟脾气上来，拿头狠命撞墙，他的阿姨怕他出事，打电话叫我过去帮忙。每一回，都待他气顺后，再教他制服内心"野兽"的方法。跑步、握拳、深呼吸，拽衣角，都试过了。当时会静下来，一

一名教师的专业成长，不会因了年岁的增长而成长，只会因为不断学习和反思而成长。

旦遇事，内心的“野兽”还是会跑出来。

我拿出他的 MP3，放在讲台上。没想到，浩远竟然狂怒，抓起 MP3，狠狠地摔在地上，再用脚大幅度地一下又一下地踩，伴随的还有变了调的长声哭号。

同学们从没见过这架势，估计也是吓坏了，竟然一个个地从后门溜走了。顷刻之间，教室里只剩下孤立无援的我和丧失理智的浩远。当他蹦到窗边的时候，我真的非常紧张，他 170 斤的体重，我根本拉扯不动。真希望刚才溜出去的同学能懂事地喊个老师过来，哪怕只是一个见证者。然而，一直没有。

3

突然，浩远大步走到我跟前，大声质问：“你为什么对我那么好？以前我犯了错，谁都打我，小学老师打我，爸爸打我，你为什么从来都不打我？你知道吗？我欠了你我很难受！”说完，竟然在我面前跪了下来，“我今天要全部还给你！”

琼瑶剧演员般的声调与动作，惊得我目瞪口呆。当老师多年，也是第一次遭遇这种场面。我知道浩远因为刚才误会了我而出言不逊，现在内心后悔又不知该如何妥善表达。

“我对你好不是因为你是浩远，只是因为你是我的学生；我不打你也不代表就是对你有特别的好，我从来就不打人的。你别想多了。”我“冷漠”地回应了他。他庞大的身躯，因为泄了气而瘫软着，我费了好大劲才搀他起来。

“可以吃饭了。”我转移了话题，领他走向我们的小区。

4

可能那时我也是“气盛”吧，这事过后，有半月之久，冷着浩远，没和他讲过一句话。

结果，少年受不了了。有几次，我在家从屋里望向窗外，发现他正在我的视线范围内走来走去，还故意叼着一支烟。他是想让我生气，让我批评他，他就是想让我搭理他呀。可那时年轻的我也爱赌气，偏偏就装作什么也没看见。

此事过去后很久，我都不太敢回想事件的经过。偶有几次心理学习会上的小组分享，讲到此事，我也都是满腹委屈和心酸。每一位老师，最怕的就是出“意外事件”，即使你能“争辩”，舆论也早在你争辩之前已有了许多假想的“莫须有”的版本。就算最后还你清白，师者的内心也会因此而有永生的痛。

但此刻，写下故事又一遍遍地重看时，才发现：故事里的我，竟然也是一位施暴者！我那天“冷冷的脸”，其实比语言暴力更有杀伤力。如果那天，我进教室时能有“气度”笑一笑，事件的走向也许会完全不同；我当时的“冷处理”，并没有真正处理好愤怒中孩子的情绪；而事后的“冷静期”，现在回想，虽然作为一位成年人、专职的教师，其实是很不理智的“孩子气”啊。

一名教师的专业成长，不会因了年岁的增长而成长，只会因为不断地学习、不断地反思而成长。

往事，也要再提。

2018 年 11 月 6 日

11 咱们的海棠今年不开花

1

他把自己的微信名叫作“灰”，我一点儿也不意外。但他每个星期都会在微信里找我聊天，倒真的让我意外。

灰是我的学生，今年初三，是让我有些看不明白的男生。

初一的时候，除了稍微内向些，灰和其他的男孩子没什么区别。正常地学习、写作业，上课叫到名字也会发言，成绩也没什么特别的，语文是中等偏下一点，理科成绩有些崩溃。

灰引起我的注意，是在初二上学期。先是数学老师和科学老师常常在办公室提起，说灰的学业已经是一片空白，两门功课都已是个位数了，且上课根本就不听。这与我对灰的了解大相径庭，在我的印象中，灰总是乖乖的，学业虽不会优秀，但也算基本靠谱，至少及格是绝不会有问题的。这么一个乖乖的娃，怎么会不听课？怎么会考个位数的成绩呢？

紧接着，灰的作业都不交了，包括语文。有时课堂写作文，灰直愣愣地看着作文簿，一个字也写不出，这个样子可真有些问题啊。我们联系了灰的父母，灰妈说灰是寄住在阿姨家的，但阿姨说，最近灰总是不睡觉，每晚作业写到 12 点还写不完，不肯睡。这个问题就有点大了，因为正是最近，灰每门功课的作业都是不交的。也就是说，灰每晚枯坐到半夜，实际上什么也没做成。灰的样子，引起了我们的高度关注。

再接着，灰就惊诧到我了。有天晚上 10：30，班主任打电话给我，很着急地说，寄住在阿姨家的灰离家出走了。幸亏灰把电话带在身边，但不肯接。父母一边连夜从经商的外省往家赶，一边不断打电话，直到凌晨时分总算在十公里外的乡下找到了灰，并安全带回家。灰什么也不肯说，父母吓坏了。

即使明年春天也还只是长叶子，又能怎么样呢，一树碧亭亭的叶子，也是生命的华章啊。

2

灰的父母带着灰去北京看精神科医生，但灰的这种状况，医生也很难做出精准的判断，只是建议父母尽量不要给孩子任何压力，让孩子在完全放松的状态下慢慢恢复到常态。

北京回来后，灰的生活起居发生了很大的变化。灰妈再也不外出经商了，开始常随灰的身边，照顾灰的饮食起居。这对于灰而言，是具有重大意义的。从一周岁开始，因为父母外出经商，灰就被托付给外公外婆带，每年寒暑假去外省才能与父母相见。上学之后，就托付给阿姨带，兼辅导作业，长到 15 岁了，灰几乎就没在自己的家里生活过几天。而现在，灰妈愿意为孩子改变生活的轨道，毕竟，对父母而言，孩子的健康肯定是比自己的生意更重要的。还有学习环境的变化，就是灰可以自由决定是否写作业，灰妈拜托我们一周之内不要在灰的学习上给他任何压力，无论课上还是课后，都不要有任何要求。灰是不会影响别人的，鉴于目前他这种脆弱的状态，我们当然要配合医生的建议。

至此，灰开始了他的新生活。上课基本不听课，常常处于发呆状态，课后也基本不写作业，组长、课代表、任课老师，都一路给他开了绿灯。灰的精神完全放松下来后，他的语文水平，也突然降了好几个水准，原来能中下的，现在只能全班最后了。我开始暗中观察灰，悄悄地琢磨灰的内心，看看我们怎么做才能帮到这个孩子。

我发现灰的字体发生了变化，原来是正常的工整的书写，现在字与字挤成一堆，密密麻麻，比“群蚁排衙”还密集。若没有绝对的耐心，你根本就分辨不出他写的是什么。手写体，只有小五号的楷体那么大，且根本就没有字间距、行间距，所有的字都密集在纸张的左上角，普通同学要用整张纸的，他只需要 1/16 就够了。

正是从灰的书写上，我推测孩子的内心还是很紧张的。我不敢找他谈话，只是悄悄地关注他，班主任还很贴心地安排了他最好的朋友江与他同桌，并拜托江多多帮助灰。

我们还决定将没有压力的一周期限无限延长，直到灰主动申请参与正常的学习活动。

3

意外的是，从不肯跟老师说话的灰，有个周末，竟加了我的微信，还发了一些我难以领会用意的图片。我在犹豫该怎么跟灰沟通比较合适，但仔细想想，还是觉得不主动，不热情，随意些比较合宜。

所以，我没问他为什么发我这些图片，只是告诉他，我正在煮茶，最近爱上喝茶。出乎意料的，灰在微信沟通时比较活跃，几乎每次话题都是他先挑起的。有时我正在忙，不急着回微信，他也从不在意。我们就在微信中瞎聊，不像是师生之间，更像是很熟的老朋友一般。大多时候我会告诉他我正在做的事，或者我解不开的一些大大小小的困惑，灰也会和我探讨一本书、一份美食、一个书中人物……我们的聊天总是有一搭没一搭的，我也彻底放弃了要做他思想工作的念头，就当是一个可以轻松相处的网友吧。

到了初三上学期的冬天，偶尔也能在课堂上看见灰的笑颜了，尽管他会很快地又忍住不笑。灰写的字也慢慢地变大了，仔细辨认，已能分清了。

早上，在朋友圈看到好多人都在发海棠盛开的照片。我的海棠，去年冬天被我们忽略了，独自在北阳台忍渴受冻，看着光秃秃的枯枝，我担心海棠会挺不过来。春节前搬到温暖的书房后，它慢慢地苏醒了，这两天，竟然绽出了几片小嫩芽。这个春天，我的海棠是开不了花了，可是，这又能怎样呢？只要精心养育，明年春天还是有希望的。即使明年春天也还只是长叶子，又能怎么样呢，一树碧亭亭的叶子，也是生命的华章啊。

灰，咱们一起期许下一个春天，可好？

2020 年 4 月 2 日

12 向美丽出发

1

那年春天，我担任初三某班的班主任。

有天中午，在家小憩。刚躺下，就接到了电脑监管老师发过来的视频。午自习时，我班里的皮孩子们，趁着数学老师去了隔壁教室辅导，在教室里眉飞色舞。只看画面，就知道他们闹得有多“嗨”：霖同学和阳同学，隔了三米远，高举拳头，变换各种指法，再辅以忽前俯忽后仰的夸张动作，他们竟然在猜拳！而周边的同学，有一起嬉笑的，有只管自己写作业的，就是没有出面制止的。

看到这视频，我心头的火，腾腾地就上来了，想立马去教室把这两个皮孩子好好训一顿。然而就在这时，后背忽的就是一大片地疼，不知是否就是传说中的“怒伤肝”。这帮皮孩子啊，我午饭后刚去教室维持过“秩序”的，怎么眨眼之间又控制不住了呢。

身体的疼痛，使我冷静下来。我知道，如果趁着怒火，赶到教室，学校监控室里留下来的我的影像记录，肯定比违纪的两个孩子更难看：我的声调会飙高几度，我的眼光会凌厉如匕首样，我的脸孔又会僵硬成怎样的花岗岩效果。

完全可以想象，就是“河东狮吼”的丑样呗。

2

我好歹也是当了20多年的班主任了，皮孩子的什么幺蛾子没见过，怎么偏偏被这粒“小芝麻”给伤着了呢？

那天发生的事情，我们不妨称之为A：电脑管理员发来班级两个皮孩子

出现问题，并不是问题；你如何对待问题，才是问题。

在午自习期间吵闹的视频。

那天这事带给我的结果，我们不妨把它称之为C：我产生愤怒情绪，后背也有疼痛的感觉。

这就奇怪了，在校园里“身经百战”的我，向来都情绪平静、处事冷静。为什么在这件事上却“大失水准”呢？

原来，在A和C之间，有一个B在作怪。B就是我对这事件的看法和持有的信念：我刚去教室强调过纪律，数学老师也就在隔壁教室，学生的吵闹，就是因为班主任我的管理能力不强；我又是班主任工作室领衔人，常常在老师面前“大言不惭”地开班级管理讲座，而现实中却连午自习纪律都管理不到位，同事会怎么看，自己又是多么惭愧。

你看，作祟的就是这个B，即对事件的看法和持有的信念是不合理的：明明只是学生自习时的顽皮吵闹，却归因为自己的工作能力差。不合理的B，导致了不开心的C。

情绪，很多时候真的不是与生俱来的，更不是外界的人、事、物引起的，它是我们内在的信念，受到外界刺激时产生的反应。

3

自视频事件的反省之后，我已有两年时光没有被愤怒拜访过了。

其间，当然也会有许多的“偶发事件”。去年冬天，去山区某小学做一个班主任公益讲座，内容就是“你的情绪，值得被看见”。其实，我是专门为这次活动准备的讲稿和PPT。没想到的是，我刚开讲十分钟不到，一位女教师生气地打断了我的讲话：“我忍你很久了，拜托你快点讲完，我的班级现在没教师在管，学生和家长都会有意见的。”

确实很意外，这种待遇就像歌手在台上唱歌被砸了西红柿。当时就想，这位女教师不合理的信念是什么呢？在她的信念里，可能觉得好教师就是要在教室上课的，其他的理论学习，尤其是与任教学科没有直接关系的班级管理的讲座，都是“大头白眼”（方言，指大而无当的话）。所以，脾气火暴的她就发飙了。这么一想，她的发飙就只是她的问题，和我的工作能力并无关系，自然不会影响到我的情绪和自我判断。

当然，在这样的场合发飙，这位女教师的样子是“失美”的。我们也不妨问问自己，我们在神圣的讲台上“传道授业解惑”时，有没有这样因情绪失控而“失美”的时刻？

工作中的女教师，杂事多，做事又认真，偏偏很多又是“完美主义者”，我们真的是“焦虑、易怒高危人群”。我们想要塑造美丽的形象，需要多么艰难的修炼啊。而一旦情绪失控，就好像在一张好不容易画成的水墨画上泼洒了一块红色的油漆。

我们会说，每天会遇到很多的挑战与压力，我怎能做到心定气闲？你要知道，很多事情的发生，并不是影响情绪的关键。你如何解读、如何看待以及如何处理你的压力与焦虑，才是影响情绪的关键。生命，真的就是这样啊。

情绪稳定的、安宁的你，才是美丽的。

春来了，向美丽出发！

2019 年 3 月 3 日

13 有些伤，你可以试一下心灵体操

1

记忆中是一个美丽的春天，学校组织语文组教师集体到金华教研学习。

大家难得有机会集体出门学习，一路上就像是脱笼之鹄，无比自由和欢欣。然而，车程尚未过半，我却接到了校医的电话："张老师，你们班的小文同学，现在由我和班长陪着，正在人民医院吸氧呢。"真是令人紧张的电话啊，急忙询问原因。然而，问来的原因却令人大跌眼镜：竟然是因为诗歌默写比赛！

那是出发前，怕孩子们辅导课没老师督促会效率低下，所以激励他们进行诗歌默写比赛，由课代表负责，以大组为单位，算出平均得分，优胜组能分享老师从金华带回的小酥饼。就这么一个在校园里最平常不过的语文学习活动，我们的小文同学，因为某句诗卡壳了，担心影响到整组的成绩，竟然紧张到脸色苍白、呼吸急促，幸好被几个热心的同学赶紧护送到校医室。校医一看情况不妙，马上联系了 120 急救车，这件事情惊动了全校。所幸后来并无大碍，小文吸氧后，状态恢复到平常的样子，他外婆也赶到医院，接他回去了。

我从金华学习回来，已经是周末了。再见到小文时，已是事发四天之后。他还是一如既往地文静、内向、不多话，看不出与以往有什么不同。如果你觉得事情都已经过去了，真的没什么事了，那么，你这个班主任肯定是粗线条的。

默写、吸氧，这两个风马牛不相及的词语构成因果关系，背后肯定有不简单的勾连。这个关系，就像是冰山潜在水中的部分，我相信它是存在的，并且是宏大的存在的，只是不易被人察觉。

陪孩子做做心灵体操，温暖温和温馨，安心强心健心。

小文，肯定是出问题了。

2

吸氧事件后，我开始留意小文，可是，还真没有看出什么。后来跟小文的外婆接触多了，直爽的外婆口中的小文与我看见的小文判若两人。在学校文静内向，从不跟人计较，向来不多话的小文，在和外婆相处的过程中，竟然是个小霸王。想怎么样，就怎么样；想吃什么，外婆就必须按他所要求的照办，不然就会耍无赖；晚上睡觉也没个准点，经常抱着手机到半夜，外婆催他睡觉，根本就不肯搭理。外婆说起带小文的细节，总是默默垂泪，充满委屈。

在同学的随笔中，也看到了小文的另一面。小文与同学说话都是小心翼翼的，但是，玩起虫子来却特别残忍。说是有一次看见小文在教室里玩螳螂，把螳螂的头、肢体，一件件地扭下来，然后碾碎。全程还都是笑眯眯的。

小文，到底是个怎样的男孩子呢?

过年前夕，终于见到了小文的母亲。母亲谈起小文，也是忧心忡忡。小文的父母一直在青海经商，原本小文也是一直带在身边的。读小学四年级的某天，小文的父亲晚上回家，只是因为小文没有及时和他打招呼，他就动手打了小文，且下手残忍，每一下都往死里打。小文的母亲说起往事，还是心有余悸。她说当初若不是她果断把小文抢下来，并连夜辗转把小文送往温岭老家，那天晚上，小文可能就被他亲爸爸给打残了。小文的母亲非常纳闷，小文爸爸平时并不是一个容易失去理智的人，小文是他唯一的孩子，平时一直也都很乖的，不知道那个夜晚小文爸爸为什么那么暴怒。

从回到温岭老家，交给外婆带的时候开始，小文就像变了一个人。在外婆面前，他是一个为所欲为的皇帝，而在同学面前，却又懦弱害羞。

冲撞、逃避又僵滞的小文，该有多么累。

3

那个夜晚，肯定给小文的内心烙下了很深的印痕，终其一生难以除去。我很想帮助小文，使他能够和其他男孩子一样，做真实、自然、率真的自己。每个孩子都有这样的权利。

想过找小文的爸爸聊聊，考虑再三，还是放弃。每个家庭都有自己的隐私，那个夜晚对他来说，也许讳莫如深。如果你作为孩子的班主任，硬要去谈，是不礼貌的，也是不明智的。也想找小文谈谈那个夜晚，试图解开他的心结，揣度之后，也是放弃。有些心灵的幽暗之处，是需要很专业的咨询技术才能透点光进来的，如果我们打开他的伤口，又处理不了，对小文来说，就是再次的受伤。

有天，看小文大课间做操时笑眯眯的，我灵感突至：可以选择温和的心灵体操来帮他呀，让他紧张的心灵吸吸氧！

这套体操没招式，因人而异，专属定制。一个笑容、一粒小糖、一句鼓励的随笔评语，一张手绘的生日小卡，都是；一次陪跑、一个手势、一张樱花树下的合影，一句银杏叶上的赠言，也是。凡是能让小文感到温暖的表情、言语、举动，你情之所至，随心而发。只要你关心，他就会暖心。关心，在此时就是小文可以接收的最强大的能量。

友情也是疗伤的“神药”，好友可以是心灵体操的最佳陪练员兼教练。我知道小文缺朋友，就给他安排了同样文静、内向，但是情绪稳定的小越做同桌，并且暗中委托小越做小文的好朋友，并帮助小文。小越欣然受命，不负所托。两人友情日深，什么事都一起做。去水房接水、在教室探讨问题、去办公室找老师，就连放学路上也是一起走。

心灵体操虽不一定能疗愈小文内心深处的伤，却能够让小文安宁。“吸氧事件”过后一年，小文在学校一直情绪稳定，没出过什么状况，顺利毕业。

当你发现孩子和以前明显不一样了，或者和其他孩子明显不一样了，而他表现出来的功能明显降低，反应与表现也出现僵化时，这个孩子，可能就出了问题。这个时候，我们要记得，关心是最强大的能量，也是孩子能够接收的能量，专门为他设计温和的心灵体操就比较合宜。然后，再考虑谁和孩子最能产生情感交流，就让这个人做心灵体操的陪练员，或者教练。

若是人的机体出了问题，我们知道，需要专业的医生才能解决，但在家也可做做体操健体强身。同理，人的心理出了问题，也得专业的心理医生才能解决，但在学校和家庭，我们也可以陪孩子做做心灵体操，温暖温和温馨，安心强心健心。

2019 年 12 月 15 日

14 “初恋”，就这么打败了“上帝”

5月，网红火锅店在温岭开业了。尽管女儿中考在即，然而，每个周六，我们还是去银泰城碰运气。我们也试过赶在周六下午4点到达，也试过网约，然而约到的时间都在晚10点之后，只得作罢。

这个小城，还从来没有一家店铺如此火爆过。我的好奇心也上来了：到底何方美食，能有如此魔力？

直到7月下旬，赶在某个下午3点，我们才成功地进入这家网红火锅店。

说实话，店铺的装修并不出众，也没什么突出的风格，在小城众多的火锅店中，至多也就是中档。我们刚落座，感觉一秒还不到吧，一个女服务生就过来了，敢情每个顾客一进店，就被“零时差”地关注到了。女服务生微笑着给出了一些建议，我有些意外，因为她给的建议，都是帮我们省钱的。心情，也就一下子放松了。

很快，食材上来了，有点意外，真的是很普通，口味也不咋的。

好奇心真的爆棚：店铺的魅力，到底在哪里？于是，开始仔细地观察。我的目光，刚好和五米开外的一个笑眯眯的女服务生撞上了。隔了那么远，她还是对我笑得很甜。我只能回馈一个礼节性的微笑。没想到，她立马跑过来了：请问，您有什么需要？因为已经有一个服务生时不时地提供帮助了，还真的没什么需要帮助的。当老师久了，有职业病吧，也看这个时间段她们不是很忙，就问了几个问题：

“我看你们每一个员工都笑得很甜，你们是经过了什么样的特别的培训吗？”

“没有培训啊，因为上班就是赚钱，能赚钱当然开心啊。”

“其他服务行业也都微笑的，但你们的微笑给我的感觉是你们很开心，你

如果，我们奔赴讲台的时候，就当作是在赴一场与“初恋”的约会，会如何？

是怎么做到的？”

“我们老板说了，顾客就是你的初恋。能见到初恋，当然开心啊。”

怪不得！“初恋”和“上帝”，毕竟是不一样的。怀着这样喜悦的心，难怪他们员工之间擦身而过时，也都甜蜜蜜而俏皮地喊一声“你辛苦啦”。

你以见“初恋”之心待顾客，而“初恋”是你迫不及待想要见的，你自然是喜不自胜的。你的眉宇是飞扬的，你的笑容是掩饰不住的，你的一举一动是温柔体贴的，你的光是在心底发出而照耀店堂的。顾客感应到了你的光泽，自然也会以见“初恋”之情等这一场美食之约。

那么，你以见“上帝”之心待顾客又是怎样的呢？上帝是神圣不可侵犯的，你的笑容自然就拘谨而客气了，你的笑是露四颗牙还是八颗牙，都是有规范的。你与“上帝”是有距离的，“上帝”自然也会与你有距离，且要挑剔你。

“初恋”，就这么打败了“上帝”。

然后，我就想到了教育。

如果，我们奔赴讲台的时候，就当作是在赴一场与“初恋”的约会，会如何呢？

你奔赴约会的时候，衣冠楚楚，彬彬有礼，倾心地交谈，期待着回应。约会的时候，充满愉悦与憧憬。

在讲台上，你是有许多关系的：有与学生的关系，与课本的关系，与考纲的关系，与世界的关系，以及与你自己的关系。讲台上的这层层关系，犹如一张密密的网，我们织着这张网，也被这张网“规范”着。

你在这张网中，与你的“初恋”约会。你为了这一次的约会，做了多么精心的准备：你早就想好了今天你要聊什么，怎么聊，你甚至准备好了开场白。你在心里想过好多遍了，为了万无一失，你甚至连交流的目的、重点、难点，还有步骤，都精心做了预案，还写了下来。不放心，又检查了好几遍。

有时候，你会查找很多资料，向别人取经。为了取悦“初恋”，你会花很多时间，去把你们即将谈到的内容做成 PPT。也许，他看的时候只有三秒，你却为此准备了三个小时。只要他看得、听得入了迷，你就无比开心，觉得付出再多的精力都是值得的。

有时候，你正兴致勃勃地跟他讲，没想到人家却兴味索然，甚至听着听着就睡着了，你肯定也失望。但是，你绝不会生气，不会让他站起来，不会批评他，不会报告他的爹娘。你会耐心地等他睡一会儿，或者，你用你们之间最熟悉、最俏皮的方式提醒他该醒醒了，你更会调整一下你的节奏，让他更有兴趣与你继续约会。约会的分分秒秒，你都在察言观色，你使出浑身解数，务必要 360 度无死角地魅力非凡。

几次约会下来，你也会总结、反思：他是不是真的喜欢我？为了更懂他，你又研究他。你通过各种途径，了解他的家庭、他小时候的经历、他的性情和他的喜好。有时候，你觉得你还不够懂他，就去研究心理学，想搞明白他为什么会这样子。明白了为什么，你就会懂得接下来该怎么做了。

你关心着他的关心，你喜欢着他的喜欢。这样的约会，他每一次都觉得如沐春风。他期待着下一次，你也期待着下一次。

你把上课当约会，你的生命状态是美好的，孩子们也会觉得学习是美好的。教育，就是对另一个生命进入美好状态的助力和成全。

“学生虐我千百遍，我待学生如初恋”，如果，我们真的可以做到待学生如“初恋”，孩子们会不会每天像我们期待着奔赴网红火锅店那样，期待着奔赴我们的课堂呢？

2019 年 7 月 4 日

15 一场一触即发的“战争”

代理班主任才半天，事儿就来了。

1

那是下午5点钟，辅导课刚结束，去教室隔壁的办公室放下书本，正欲拿背包，就听到走廊上传来激烈的争吵声。声音短促、猛烈、凶暴，已经变了形。那是打架特有的节奏和频率，且听声音的来源，正是我们班教室外面。

正逢放学，走廊狭窄，人头攒动。但在拥挤的人流中，我还是一眼看见了科林，他像一头愤怒的豹子，怒目圆睁，放声咆哮，对着小伟挥动拳头。小伟虽也是金刚怒目，但脸露怯意，明显落在下风。

我立马挤进两人中间，想要挡下争斗。科林依然挥动双手，面目狰狞，大声怒吼，欲出手教训小伟。科林是个戴助听器的孩子，盛怒之下，他根本不知道自己的声音有多吓人。我们的教室在四楼，走廊那么狭窄，人又拥挤，我真的担心出什么意外。

危急之下，我选择抱住了科林。我不敢抱紧，若抱紧了，孩子会觉得你在拉架，他用不出力气，会更拼命地挣扎，而我，根本止不住这股青春少年愤怒的力量。科林是个乖孩子，平时也很尊敬我，女老师的拥抱，使他马上住了手，但，怒火还在烧灼着他。科林气得浑身颤抖，瞪着小伟。

我马上转头让小伟先去吃饭，告诉他我等下再找他。小伟不肯走，我看了下班里几个还在围观的男生，让俊宇带他先离开了。

2

同学陆续离开教室，去吃饭了。我和科林留了下来。

在争斗面前，重要的不是让孩子为自己的行为付出代价，而是从自己的行为中学习成长。

几次深呼吸后，科林的身体还是止不住地在抖，但语调已经平静了。他告诉我，下午班会课时，教务处让上次没参加体育测试的同学去补考，科林自作主张，为了关系要好的几个男生，擅自下去带跑。

“哦，你是想让同学能考出好成绩，所以去带跑的，是吗？”

“是的。”仿佛意识到了什么，科林低下了头，“我知道带跑是违规的，老师。”

“后来发生了什么？”

“同学说，上英语课时，小伟跟老师打小报告，说我是不用去操场的。”

“哦，同学说小伟把事情向老师报告了。”

“英语老师说这是旷课，还说要报告班主任，按旷课处理。”

“英语老师是这么跟你说的吗？”

“没有，是同学说的。”

“小伟的话，你问过小伟吗？”

“也没有，”这时，科林露出了羞涩的表情，“老师，我知道错了。这件事，本来就是我做得不对。然后，我也没有问小伟和英语老师，一听同学的话，就生气了，想要教训他。我脾气暴，一生气就管不住自己。我要向小伟道歉。”

饿着肚子，是很难解决问题的；解决问题前，也得先有一个冷静期；进入冷静期之前，还得先简单地处理情绪。

看科林已不带狂怒情绪，我赶紧和他一起前往餐厅。

3

第一节晚自习下课后，我把科林和小伟约到了我们的谈话区。

我让科林先说说对下午发生的事情的看法。因为有了前面的沟通，加上过了两小时，科林已经很冷静了。科林分析了自己冲动的原因，也表示了真挚的歉意。然后，科林主动向小伟鞠了一个 90 度的躬。小伟也被科林的真诚打动了，分析了自己“多话”的初衷与造成的实际后果之间的差距，也表达了歉意。

两个孩子的错误，看来很快就纠正了。可是，犯错误，正是孩子们学习成长的好机会呢，我这个代理半天的班主任，怎么会放过这么难得的机会？我让科林先说，今天，你学到了什么。科林说，他懂得了生气后该怎么做了。我们一起回忆了初一时我们学过的关于愤怒情绪管理的情商管理课，科林说，深呼吸就是制怒的最可行的办法。还有，当伸出拳头想要打架时，紧握拳头，放进衣兜，也是一种好方法。

“当别人告诉你，有人在背后说对你不利的话，你当时是怎么做的？”我提醒他。

“我很生气，一看老师没在，就冲上去想教训他。”

“以后若别人告诉你，有人在背后说对你不利的话，你应该怎么做呢？”我再次提醒。

“我会向转告的人问清楚，然后再问问说出对我不利的话的人，到底是怎么回事。”

“如果真的说了，那你怎么办？”

科林摇摇头，这个，还真不知道该怎么办。我让科林先记下这个困惑。

我再看向小伟。这个小伟，同学关系一直紧张，我琢磨他很久了，一直想帮帮他。

“下午的事，说起来是偶发事件，其实呢，也是必然事件。你说呢？”

“我真的没有打小报告，我就是跟周围的同学说一说，刚好被老师听见了。”小伟涨红了脸。

“那以后要怎么说，同学听了才喜欢呢？”小伟挠了挠头，当然，小伟若知道答案，同学关系就不会这么紧张了。我趁机向他推荐了卡耐基的人际关系书系，包括《人性的优点》《人性的弱点》《语言的突破》等。我也分享了15 岁时读到卡耐基的书后，我自己的巨大改变。这些书会教我们如何与人相处，如何做一个更有魅力的人。

小伟认真地点了头。

4

第二节晚自习开始了，我跟孩子们商量要挪用 15 分钟时间开个微型班会。我先简单陈述了下午发生的冲突事件。然后依次让孩子们思考并回答四个问题：你认为是什么原因导致了冲突的发生？你对发生在我们身边的这件事有什么感觉？你从这件事中学到了什么？以后遇到类似的事情，你会怎么处理？

大伙儿都很真诚地参加了讨论。然后，我在黑板上画了思维导图的中心部分，让大伙儿在黑板上逐渐添加。

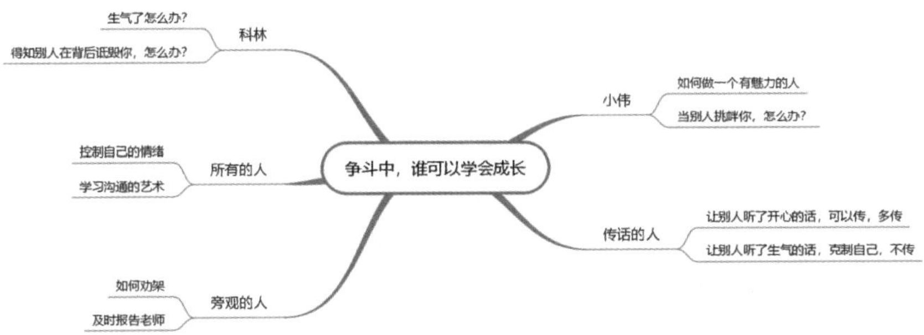

当这张图最后呈现的时候，教室里响起了热烈的掌声。

在这场一触即发的“战争”面前，我们都有失当之处。我们都不是完美的人，谁又会总是妥善处理所有事情呢？我们没有对任何一种非故意失当行为进行惩罚，在争斗面前，重要的不是让孩子为自己的行为付出代价，而是从自己的行为中学习成长。

如果老师能不带情绪地处理此类事件，并能不断地引导大家从错误中学习成长，孩子就能对老师建立起信赖。当孩子把老师当成是成长路上的引路人，对老师感觉良好，并且觉得自己比以往更好，孩子就会主动做得更好。

教育的目标之一，就是指导孩子们学会成长。班主任的职业敏感之一，就是在危机中看见转机，并以此为契机，助孩子能力升级。

2020 年 5 月 27 日

16 咸鱼鲞豆腐汤

咸鱼鲞，即咸鱼干，与豆腐一起煮成汤，咸鱼淡了，豆腐和汤咸了，刚好都有味了。

1

初二那年，历同学作为休学生从外校来我们班寄读，是带着盛大名声的。抽烟、上游戏厅、谈恋爱、打牌、蹦迪，全都是他的“看家本领”。这些也算不上恶习，但作为一名初中生，这些让历同学显得很“社会”。被老师们排斥，也是正常的：这样的“五项全能生”是很容易把班级同学带出常轨的。于是，身强体壮的历，被反复劝说“因病休学”，也不知怎的，最终被说服成功，办了手续；也不知怎的，几经辗转，就到了我的班级借读。说好的借读期是半年。

见到历，我是震惊的：竟然是如此白净的模样！应答也很有礼貌，表情甚至还含着点害羞。与我想象中的不羁少年相去甚远，我心生欢喜，并决定在心底屏蔽掉所有的传闻。

欢喜，是有力量的，也是相互的。从历来到班级的那天起，一直都是平常的初中生该有的样子。甚至，他是全班最有礼貌的男生。历的语言能力很不错，作文写得好，朗读时声音也很好听。历也很喜欢我和我们的班级，尽管我们这个小寄宿制学校条件简陋，历还是很享受这里的一切。历的家人也为历的转变由衷地感到欢喜，每次接送时遇见，总是再三致谢。

我也没有使用任何的教育手段啊，就只是喜欢，接纳，表扬，鼓励，一视同仁，怎么就会产生如此大的逆转呢？

莫非，传闻有讹？

当你遇见这个生命，
助力他，润泽他，使他终有
一日水草丰茂，生命华美。

2

所有未经不懈努力就轻易实现的美景，往往如同肥皂泡，皆是虚幻。历的好少年形象，期中考试未到，就被他自己破坏了。宿管阿姨反映他们宿舍有烟味，找了同学询问，经查实，一个寝室八个人，六个都抽烟。我们这个小学校纪律森严，出现这样“大面积”的抽烟事件并不寻常。同学说，烟全都是历带来分给大伙儿的，是历教会大伙儿抽烟的。此事经过严肃处理，算是平息下来，后来也没再被逮过。

期中考试一过，又出了一件事。班里一男生与隔壁班某男生不合，有言语冲突。这些本是校园里极正常的小摩擦，假以时日，自然会消解。但是，城区另一学校某相识的老师打电话给我，说他们学校发现学生已经联络好，相约周五下午放学后集体来我们学校掐架，而那个学校正是历原来所在的学校。

询问了历，果然又是他惹的事。他为了帮我们班男生出气（其实那男生自己倒没觉得很生气），电话联系了他原来学校的同学，说好时间、地点，到时来帮忙打群架。他连劳务费都说好了，每位前来出力的，都可得到两包中华香烟。我问他买烟的钱谁出，历害羞地说，这个，他可以代劳，反正为了自己班级的同学，出钱出力都没关系。幸好我事先了解到情况，做了干预，没有酿成大祸。

时隔不久，又出来了新的事情……

3

几次的违纪事件，虽说经过了教育，历没有重新犯过。但是，你永远不知道，在下一刻，历又会弄出什么事情来。再说，历每次出的事，都牵涉好多同学。历在我们班，给其他同学确实带来了负面影响。

历的借读期限马上就要到了，他的家人多次跟我提，历在我们班进步很大，希望能一直在我们班借读，直到毕业。我非常犹豫：对于历，确实进步不少；对于其他同学，负面影响确实也不小。权衡利弊，何去何从？

就在这时，刚好与一位睿智的老教师谈起此事，他悠悠地说了一句：咸鱼鲞与豆腐烧，咸鱼当然淡了，但一锅豆腐就都咸了。是啊，在我们班，历确实进步了，但对于其他同学来说，或多或少也都受到了一些不良影响。我当时就做了决定，借读期限要按照约定的来。我若再答应让历留下来，对其他同学，是不公平的。

那个冬天的散学式，我正好准备了一个丰富的汇报会。历也在其中精彩亮相，他的作文被选入我们的作文集，非正式出版；他还在我们排的课本剧中出演男一号，聚焦光芒。

写到此处，真有些如芒在背。整整 20 年了，历和他爷爷失望的眼神，我一直无法忘却。那天的课本剧表演，是邀请了家长一起观看的。当历穿着礼服，化了妆容，在教室里风度翩翩地出演先生时，历和他的爷爷是多么开心，说是激动也丝毫不为过。然而，演出一结束，他们拉着行李箱跟我说明年春天一定要再来报到时，我却微笑着残忍地拒绝了。

历是很重情的男生，然而，自那次演出后，借读期满按照约定离开我们班之后，20 年来，从来没有他的消息。以前，我也从不曾怀疑当初做的决定是否有失斟酌，总觉得 1 个与 44 个之间，天平自然会有合理的倾斜。但当我敲下这个故事的时候，我的怀疑浮起来了。历当时已经在通往光明的道路上走，虽说有时还会走偏，但只要及时提醒，他还是会回到正道上来的。我当初的拒绝，不也正是贪图方便吗？历不是不可教，只是教着麻烦。我这样半途而废的教育，对他来说，无异于先高高抬起，再狠心让其自由落地。唉，真不知道后来，历长成了一个怎样的青年。

教育，是成全每一个生命的美好。当你遇见这个生命，为师者有义务助力这个生命，润泽他，使他终有一日水草丰茂，生命华美。孩子的自知之明和自我价值观，往往取决于老师和同学对他的理解和尊重，接纳和赞美。伴随着孩子控制意识和自尊意识的增强，孩子的自我监管能力也将不断提高，终将成就自己生命的美好。

对于当年自以为是的“全局观”，我不奢望求得到历的谅解。我只希望在历后来的人生中，能珍视自己的价值，不被别人的态度所左右。是以为盼。

2020 年 1 月 18 日

17 学生的手机出现在课堂，你怎么办？

基础教育的课堂，肯定是禁止学生带手机的。但，总是会有孩子来碰运气。若被当老师的你发现了，你会怎么处理呢？

不妨先听听这三位老师的故事。

故事 1：我赢了学生，却输了自己

晚自习第二节，我坐在讲台上备课，孩子们安心写作业。

突然，教室后方响起了手机铃声。我假装没听见，继续埋头备课。想等不被注意时，能提醒"机主"即可。没想到，一分钟没到，同样的手机铃声又响起来了，持续而又响亮。我无法继续装"聋子"了，只得抬头，向铃声的来处平静地说：把手机送上来吧。

全班同学都抬头看着我。然而，"机主"选择了沉默。他在赌运气：老师刚才也许并没听清具体的方位。确实，我只能锁定一个相对较小的范围，并没有把握锁定某个孩子。这时候，教室里的空气中都流动着紧张、提防与不信赖。

我陷入了尴尬的境地。查，艰难，手机肯定是在第一时间转移了；不查，也艰难，射出去的箭找不到目标也是痛苦的。

情急之下，我做了最愚蠢的举动：打电话喊来了他们的班主任。等班主任匆匆地从家里赶到教室后，晚自习结束的铃声也刚响起。班主任让我先回家，她说她来处理。等我回到家，过不多久，班主任打来电话，说是手机已经查清楚了，但要我不必追究到底是谁的。她还告诉我，手机她已收上来了，当时几乎全班同学都暗中传递过手机。

这，难道他们以为是《红岩》的现实翻版吗？他们把手机当成了《挺进报》，那么，我是谁？怎么就沦落到了这样对立的境地呢？更让人难受的是，

我们是要赢得孩子，绝非赢了孩子。

在这一周的随笔中，杨同学更是赤裸裸地写道：你想跟全班同学为敌，你肯定斗不过我们的。

教育，从来都是心与心的交流，这种隔膜，甚至是敌对，让我非常沮丧，我跌入工作以来最幽暗的谷底。

故事2：我收了他的手机，他却抢了我的手机

那天数学课，我正在黑板上讲解题目。

突然，一阵搞笑的手机铃声响了起来：清华大学招生办来电啦！全班同学忍不住都笑翻了，“肇事者”丘同学尴尬地掏出手机关掉铃声。我一个箭步飞奔过去，拿走了丘的手机。待丘反应过来，他的手机，已经被我装进了讲台侧面我的包里。我继续讲课，但看得出来，丘很不高兴，甚至有些生气。

这个丘，上课不爱听讲，作业也不喜欢写，常常趁老师不备，趴在桌上，不知在底下捣鼓些什么。每次问他，有没有带手机，有没有在抽屉里偷偷玩手机，他总是抵赖，信誓旦旦地说可以用人格担保，绝对没有。这下可好了，看他怎么解释他的人格。等上午的两节课上完，大课间得找他好好谈谈。

铃声响了，我收拾教具。丘蹭过来了，央求我把手机还给他，说下次不会再带来了。可是，屡屡撒谎的丘同学，不经过深入交谈、深刻教育，我怎么会听信他的保证呢？并且，他做过的保证还少吗？哪个又能实现呢？再说了，我马上要去隔壁班上课，这事，也得等到大课间再处理呀。

所以，我拒绝了丘。没想到，丘突然就像发疯了一样，抢走了讲台上我的手机。还大声吼道：“你拿走了我的手机，我也要拿走你的手机！”他当时这个样子，已经失控。我知道这种状态下无法理论，也因为要准备下一节课，就任由他拿着我的手机。

手机，竟能让一个孩子如此失常，几近癫狂，这是我始料未及的。

故事3：我窥见了她的手机，她就画了一个手机让我看

那天下午经过教室外的走廊，只见窗帘紧闭，里面传来科学老师的讲课声。纯属好奇心驱使，我悄悄地掀开了窗帘一角：是什么样的课堂活动需要紧闭窗帘呢？课倒没什么特别，老师拿着书在讲授。坐在最后一排的珊同学，端坐在那里，装作认真听课的样子，可是她的手里却揣着一个手机，正在偷偷刷屏。

我赶紧放下窗帘，假装什么也没看见。因为是在别人的课上，我不能走进去收走她的手机，这是不礼貌的；若被珊发觉我已看见她课堂刷屏而不处置，对于维护班规校纪的严肃性也不相宜。此刻不处理，找个合宜的时机再处理是最好的选择。

但是，就在窗帘放下的刹那，珊还是看见了我。

晚读课时，我转到珊的身旁，看见了有趣的一幕：她的抽屉里放着一个手绘的假手机。手机壳是真的，手机壳里边塞了一张纸，上面画着黑白两色的假屏幕。我知道她的“障眼法”是专门针对我的，这姑娘，难道她忘了我的视力是5.2的吗？不过，我还是没戳穿，反而拿出她的假手机仔细端详。当然，此事不会就这么真的不了了之，但是，此刻揭穿，肯定不是最好的选择。

经过后来几天的仔细观察，珊近来学习果然是有些松懈了。只要找到机会，让珊重振精神，鼓起学习劲头，手机的事，她自己肯定会处理好的。过了几天，机会就来了。在接下来的一次作文写作中，珊的表现非常出色，我就借助她的作文，给了她很多溢美之词，然后再悄悄邀她出来，“狠狠”地鼓励了一把。其实，前阵子珊只是一时松懈，绝非放弃了学习。我们不关注她带手机的“过去”，只专注解决她学习松懈的问题，珊很快就振作起来了。

我们一直没说到手机，但聪明的珊，以后再也没看见她带手机来教室了。

孩子们为什么对手机被暂管那么紧张？

他们紧张的往往不是手机本身，而是手机里保存的内容。孩子不相信老

师能够尊重隐私，而他们的手机里面也许有太多不适宜被老师看见的内容。所以，他们想方设法想要躲过一“劫”，在过度紧张时会失去理智，不择手段，甚至“以命相搏”。因此，平时在解释手机禁令的时候，我们必须承诺绝不查看手机内容。一旦学生违规带手机需要收缴代管的，在上交手机之前，先让他自己卸下电池和内存卡，让学生看到你绝不窥探隐私的诚意。

若这么做了，孩子还有抵触情绪，那么，我们首先要处理的是孩子的情绪，而不是给他讲道理，更不是严肃批评。等孩子情绪稳定了，再讲道理也不迟。我们教育的初心，是“帮人”，绝非“伤人”；我们是要赢得孩子，绝非赢了孩子。

亲爱的老师，当学生的手机在你的课堂出现，你做好应对的准备了吗？

2020 年 4 月 18 日

18 老婆，作业写好了吗？

1

午饭后，回到家，正欲午休，接到了朋友雅的电话。平时行事舒缓的她，一反常态，语气着急。

雅的“八百里加急”是有原因的。她刚“缴获”本班男生的一部手机，待午餐后在办公室翻阅，不禁大吃一惊，这孩子，也真是太大胆了。昨晚10点，有条微信的内容是：老婆，你作业写好了吗？雅说，类似这样直白露骨的对话还有很多。这还了得？小小年纪，才七年级，竟然有了“老婆”，得让父母好好教育教育。

被怒火烧灼的雅，没有了思考和判断能力，冲动地拨出了小男生父亲的电话，让父母一起立马赶到学校。现在，男生的父母已经驾车出发了，20分钟后，就会到达学校。

这时，雅才冷静下来，她根本不知道，这样的事该怎么跟男生的父母讲。于是，打电话来求助。幸好，她打电话给孩子父母时还来不及跟孩子的父母说是什么事，也来不及跟小男生谈那“老婆”的事。我问雅，待会儿谈话的核心，你想谈手机还是“老婆”。雅说，两个都想谈，手机和“老婆”都违规了。我再问，“老婆”你能谈吗？谈的前提，就是雅自己违规在先：任何人，未经授权，都不得翻阅别人的信息。当然，雅作为班主任，动机是为了多掌握孩子的“动态”。然而，我们不能因为“我是为了你好”而做违规的事。一旦学生觉得老师不尊重他们的隐私权，肆意翻看并传播他们的隐私，彼此就不可能建立美好的信赖关系。不但这次的事件解决不好，以后与这位小男生，甚至全班同学，都很难建立良好的师生关系。

雅说，可以只谈手机事件。但是，“老婆”事件怎么办？作为班主任，能

我们给出的爱，
是不是刚刚好？

放任孩子“胡作非为”吗？我建议雅晚上好好读一读毕飞宇的短篇小说《家事》，读完，你就会明白：其实，“老婆”并非老婆。

如果大人们不懂“老婆”不是老婆，就很容易把简单的关系弄拧了。有前车为鉴。

2

亚读高一的那个秋天，某个深夜，她母亲给我打了一个很长的电话，诉说她的苦恼与无措。

亚违规带手机，被班主任缴获，班主任“翻阅”了手机内容，发现了重大问题：亚与中是以老公老婆相称的。前一天的晚上，中发来短信：老婆，你作业做好了吗？亚则回复：还没呢，老公，你完成了吗？

年轻的班主任很生气，或者说是暴怒。与雅的做法如出一辙，立马约了亚的父母来学校。当着办公室好多老师的面，狠狠地训斥了亚，也严肃地批评了亚的父母。亚除了哭，说不出任何有价值的话。班主任要求先把孩子带回家好好教育，教育好了再回到学校。

亚的母亲非常痛苦，有对女儿现状的担忧，才高一，怎么就陷入这么深的恋情呢？影响学业怎么办？有对自己的责备，女儿与那个男生是初中同学，三年多了，做母亲的怎么就没有察觉其中的异样呢？亚的母亲还觉得非常羞愧，为女儿羞愧，也为自己羞愧。她还很无措，不知道该怎么教育女儿，更不知道该怎么跟别人解释。

我是亚和中初中时的班主任，所以，亚的母亲找我倾诉并求助。初中的时候，他们并没有什么恋情。两个人的高中相隔数十里，亚的母亲说，周末，亚一直在家里忙于写作业，母亲也都在身边，两个人根本没有机会出去约会。

其实，两个人在微信中的“夫妻关系”，与现实生活中大人的夫妻关系不是一回事。

听了我的解释，亚的母亲释怀了很多，但还是不明白，孩子为什么偏把称谓搞得那么暧昧。她后来去跟亚的班主任解释这种“清白”关系，班主任老师也还是无法接受，并批评她怎么就那么容易被女儿欺骗呢。亚的父母在与老师沟通未果后，考虑到亚回到学校后难以面对老师和同学，经过痛苦的思虑，最后还是决定让亚去别的高中寄读了。

3

读完《家事》后，八年级的孩子们兴奋地探讨起这种在同学中流行的“家庭称谓法”。开放的课堂，大伙都敞开了心扉。

文静害羞瘦小的小路，他在班级里有一个“学霸妈妈”，两个爱打篮球的“爸爸”，三个“麻雀”姐姐，一个“阳光弟弟”。现实生活中，小路的爸爸在小路四年级时因病去世了，妈妈像个长不大的孩子，面对巨大的家庭变故，依然每天只关心自己的打扮与玩乐，并不靠谱。“学霸妈妈”是小路认的，也许，智慧、理性、知性的女性形象，是小路心底渴望而在现实中难以企及的母亲形象吧。两个“爸爸”则是主动送“爱心”上门的，可能是大男孩“如山父爱”的天性使然。小路的“爸爸”和“妈妈”只是小路的“爸爸”和“妈妈”，他们和她自然并非夫妻。当然，如果想要找点乐子，小路的“爸爸”们也是可以把小路的“妈妈”喊作“老婆”的。

类似这样复杂的家庭称谓还有好多，都是秘而不宣瞒着老师的。至于原因，众说纷纭。孩子们给出的最多的解释是：对现实家庭关系的失望、对理想家庭关系的渴望；学业压力那么大，只有同学、朋友才能真正理解苦衷；父母总是不懂得尊重孩子，根本不把孩子的隐私当回事儿，沟通 N 遍无效后，孩子已经放弃沟通，为自己筑起了堡垒。

有人说，人们大部分的奇怪行为，都是因为缺爱。我们常常以为，现在的孩子是被包围在“爱的海洋”中的，以为他们不是缺爱，而是被淹没在爱的海洋中了。但，孩子需要的，不只是爱的高数量值，而是刚刚好的爱。

当我们看见孩子奇怪的行为，要学会理解、解释孩子的行为，学会了解孩子行为背后的观念。若你看见你的孩子喊别人“妈妈”“老婆”“爸爸”“老公”，不要急着给孩子扣上“早恋”或者其他名头的帽子。我们不妨先问问自己：我们给出的爱，是不是刚刚好？

当老师要处理班级的“意外”事件时，也要给自己留一段冷静思考的时间，等自己的“着急”过去了，想清楚自己要干什么、该怎么干，再开放、诚实地认真干。

你希望孩子能控制自己的行为，你就要做好自我控制的榜样。

2020 年 4 月 23 日

19 路遇别人的娃

若按照时间顺序，这几件事，是这么排序的。

1

应该是很多年前了，记忆中是一个阴湿的春日早上。江南东海边的早春，阴冷潮湿，是比冬雨更黏稠的冰冷。

就是那样的下雨的早上，我们照例6：40左右就到了学校。天还没全亮，我们收起雨伞、雨披，一路滴滴答答上了教学楼的楼梯，赶6：50的早读。大家都低头走路，懒得言语。

突然，走在我前边的一个小男生的举动打动了我。他弯下腰，正在捡起拐角处的一个食物包装袋。确实，在人来人往的楼道，那么大的一个包装袋躺在上面无人理睬，有损校园形象。随手一捡，也是举手之劳。但那个袋子，此刻已经沾满雨水和脚印，捡的时候，手指的触感肯定是不舒服的。所以，看到小男生的举动，我由衷地欣赏。这样的举动，是值得表扬的，一定要告诉他的班主任。所以，我拍了拍他的肩膀，问他是哪个班的。

没想到，小男生转过身，却是一脸愤怒地甩过来一句话："这个又不是我丢的！"说完，他就气鼓鼓地跑了，我连解释的机会都不曾有。原来，小男生是误会了，他觉得我叫住他，肯定是要批评他的。他该是在生活中经受了多少的误会、多少的批评，才形成了这样的条件反射？

很多年过去了，我不敢忘记他愤怒的眼神。我想，他回头看时我的表情，我问他话时我的言语，应该是不够喜悦、不够柔慈的。

2

某个夏日傍晚，晚自习前的小憩时光。清风送爽，校园花香弥漫。我在

你用嘉言为别人的善行点赞，就会激发他做更多的善行；你用温语对别人的过失提醒，就会让他更好地约束自己。

北校区吃过晚饭，走过曲苑桥，踱回到南校区，很是惬意。

就在我们办公楼前面的水池旁，我看见了几个男生凑在一起，他们正兴致勃勃地在玩扑克牌！校园里，虽说不曾明令禁止扑克牌，但这仿佛是不成文的规定，没有谁会这么明目张胆地在办公楼前玩的呀。可能是怡人的夏日凉风惹得人格外开心吧，孩子们觉得只有玩点什么才能更尽兴。

校园里公然玩牌肯定不行。尽管这些孩子我不认识，这事儿也不归我管，但既然看见了，总得要说的。看我要去阻止，刚好也经过此处的小王老师好心提醒我：他们不认识你，不会听你的。我还是想尝试，万一就听了呢？这回，还未迈步，我就先准备好笑容，到了他们身边，停了一下。他们也看见了我，可还是继续玩牌。

“我可能多话了哦，”我对他们笑道，“想玩牌应该是在家里呀，怎么想到在学校呢？”一个男生坦然回应：“在家里谁跟你玩啊？”

说的也是哦，玩牌需要四个人，家里确实很难凑够人数。再说了，玩牌，重要的是跟谁玩，而不是玩本身。

“你说的也对哦，不过，校园确实不是适合玩牌的地方，要不，假期时间约一下，去某个同学的家里，可以玩得更开心。你们说呢？”

他们见我还不走，就站起身，在“算了，算了”声中收了牌，临走时还不忘对我说了声“对不起”。

“没想到，还真成了。”站在五米外观望的小王老师对我竖起了大拇指。

3

冬日某个中午，午餐后午自习前的短暂时光。那天，格外阴冷。

我在校门西侧等绿灯时，两个穿校服的女生，未带雨伞。不知是怕这拂面的阴冷，还是生怕来不及赶午自习，或者就是没有原因，她俩竟然不顾及安全及自身形象，罔顾交通法规，视红灯为无物，在众目睽睽之下，就嬉笑着闯了红灯。我盯着她们，内心暗自担忧，同时默默地谴责她们。想说，又觉得是在校外，并且看她俩的步伐，根本是旁若无人。若提醒她们反遭白眼，这脸上也有些挂不住啊。这么一犹豫，我就站那儿一动不动，毫无作为。

让我意外的是，旁边穿黑衣、打黑伞的一位男士，竟然移开伞，弯下腰，看着那两位闯红灯的女生，用柔和的语气问：“现在是绿灯啊？”问话时，他一直是绽出饱满的笑容的。两女孩难为情了，也没回答，停止了嬉笑，疾步走向校园。

这时，我才看清。这位敢于“管闲事”的男士是我认识的，同一个小区居住的语文老师，新河中学的蔡云清先生。蔡先生看见我，赶忙对女孩的背影补了一句：“你们老师也在的，以后别闯红灯了！”

与蔡先生一起过马路时，很是羞愧。为那两个女孩，也为自己。

4

今天傍晚，下班回家路上，学校对面。

我看见一个男孩站在奶茶店门口，手里点着一根烟，眼睛扫着过往的中学生。看这男孩的样子，应该也是初中生的年纪。只是打扮时尚，没穿校服，我看不出他是不是我们学校的学生。但不管怎么说，在学校对面，这样的抽烟方式，得让多少学生看见！

说，还是不说？想起蔡先生的“管闲事”，我有了勇气。

怎么说？还真是个问题。看模样，是个时尚少年；看举动，有点叛逆呢。说教，肯定不行的，这年纪的孩子最烦这个。还是直截了当吧。

先是送上笑容，这是必需的。我靠近他，就像对很熟悉的朋友，轻声说：“可以把烟给我吗？这里，学生走来走去的，让他们看见不好。”说着，我就笑着伸出了手，当然，手是放低的。男孩愣了一下，没把烟给我，但他掐灭了，丢进了旁边的垃圾桶，没有不高兴的表情。“谢谢哦！”我对着男孩比画了OK 的手势。

校外劝导，初试顺利，有点小开心。

我们常讲全员德育，对于我们普通教师而言，德育不是一项专门的工作，而是渗透于我们日常的言行，渗透于我们设计的每一个教学活动之中的。

当别校别班的孩子在校园内外表现优秀或出错时，我们也别囿于工作权限。如果你用你的嘉言为别人的善行点赞，就会激发他做更多的善行；如果你用你的温语对别人的过失提醒，就会让他更好地约束自己，规范言行。

如果路遇别人的娃，我们也能够怀着宽厚、宽容之心，凭着温情、温暖之行，彰其嘉言，劝其陋习，我们的教育就会更有担当、更有力量。

2020 年 4 月 28 日

20 老师，您就饶了我吧！

1

那是去年秋天，午饭结束，从北校区返回南校区的时候，刚好看见俊和阳，他们一脸灿烂地跟我问好。

大男孩明亮的笑颜很让人心动，我立马决定，放弃午休吧，跟这两个男孩聊聊，毕竟也是难得有这机会的，因为俊已经一个多月不来学校了。可能是我回应的笑颜也很真诚吧，两个大男孩愉快地答应和我一起聊聊。

向驻班老师请好午休假，我们在南北校区之间的河畔随意走了走，然后找了一块大石头坐下。没有阳光的深秋，有些阴冷，河畔的风，也吹得我瑟瑟发抖。接下来的话题，其实并不好聊，之前我们都做过很多努力，俊就是不肯再回到教室。待定下心神，我还是决定放弃目的，只说“开心”的事儿。我问俊，在学校最让他开心的朋友是不是阳，两个大男孩乐了，不住地点头。然后我问他们，不在同一个班级，友情是怎么续上的。两个人的话匣子就打开了，从小学说到了现在，他们的表情都很生动，看得出来他们是真心享受这段友情。

他俩分别是我教的两个班的孩子，因为教室相邻，两人共同点又多，加上平时在教室都不太坐得住，两人常结伴在校园内外闲逛。若是以前，我会想办法让他俩分开，很多“坏点子”都是一起了才冒出来的。但当你静心感知每个生命的温度，你就会知道，对于在教室里找不到学习乐趣的孩子来说，友情，才是透进阴沉天地的光。

那个本该做数学题的中午，我们就这么闲聊，从友情到篮球，再到女孩子，没什么禁忌，没什么目的。我努力控制自己，把溜到嘴边的喊俊回来上课的话题压了下去。

有些生命暂时需要冬眠，那就缓一缓，再缓一缓，我们要有耐力去等待惊蛰到来。

后来，俊主动跟我说，太难了。他对学习实在没兴趣，在教室如坐针毡，只想睡觉；母亲从来不懂他的内心，从娃娃开始，一直都是花钱请别人照顾，或者不管，或者乱管；最难的是，期中考试后，班主任常打电话来告状，母亲不堪其烦，情急之下竟然对老师骂了难听话。这叫 15 岁的少年情何以堪？

2

回到家，我就联系了俊的母亲。

俊妈说有很多话压在心底，一直找不到机会和合适的人去说。刚好，我的“夜行”时间到了，我就约她一起到学校的操场边走边聊。操场上散步的市民很多，我们随着人流绕着跑道走圈。俊妈说起了她的委屈，孩子成绩差又不肯学习，还经常牛脾气上来，顶撞老师没轻没重，接到班主任的告知电话就成了家常便饭。有时候孩子刚到学校五分钟，老师的电话就追过来了：校服没穿，作业没写，来到教室就趴在桌上，喊他也不理。俊妈说，她每次接到老师电话，心里就晃荡、紧张、焦虑和惶恐。班主任说的都是事实，可是，为人母亲的她，压根儿拿儿子没办法。

说起那通跟班主任发飙的电话，俊妈非常后悔。她说那天也不知吃错哪帖药了，莫名其妙就说了那些发癫的话，让孩子现在那么为难。趁着夜色，我问她，如果我安排她和班主任，加上我，三个人坐下来喝杯咖啡聊聊天，她再顺势说句道歉的话，能不能接受。俊的母亲爽快地接受了，隔着夜色都能感受到她终于放松了心情。

我们的咖啡时光还没约妥时间，俊第二天就来到教室了。当然，还是老样子。我想，能来总比没来强。他趴在那里，未必都睡着了的，兴许也能听进去一些话呢，兴许刚好听到了某句关键的人生哲言也说不准的。我正暗自开心，却听见走廊上响起了俊班主任的声音：你要穿校服，这是学校规定，不能违规；你要每天都写作业，这是学生本分，不能搞特殊；你来了就要读书听课，不能趴在桌上，学校纪律不允许，学习，首先得有个端正的态度。我赶紧来到走廊上，只见低着头的俊一言不发，一幅无所谓的表情。

我知道，前功尽弃了。果然，早读课一结束，他就匆匆下了楼，从此再也没在校园里出现过。

3

期末，俊妈忧心忡忡地联系我，希望我再做做孩子的工作，让他参加期末市统考。我给俊的微信留了话，他也给我留了话：我现在一听到读书就头大，再说，我确实也不会写试卷啊，老师，您饶了我吧，别再喊我读书了。

我知道，话说到这份儿上，俊确实是对学习烦透了。

俊妈很焦虑，她说，俊本来成绩就不好，再不来学校，半年后的中考就很难考到 200 分。上不了这个线，按本市招生政策，就连职高也无法录取。现在的孩子，不读高中，以后就业怎么办？参军怎么办？就连找个对象都会被丈母娘嫌弃。俊妈担忧的都是实情，可是，俊现在的状态，已经是比较严重的“厌学症”了，若再逼他，俊厌弃的可能就不只是学习了。不读书，路是会窄，但总还有羊肠小道；一旦厌弃了生命，那就是不想走路了呀。

对于不能改变的，我们只能说服自己，在智慧的引领下，带着平静的心去接受。俊对学习烦透了，这是目前俊、俊妈和老师都改变不了的事实，不管这个事实对于未来有多少损失，目前，不让俊更厌烦学习的方法就是理智止损。学习，真的是一件终生都在行进中的事，俊今天厌学，并不代表他未来不爱学习。俊目前厌弃学校里的学习方式，并不代表他厌弃的真的就是学习本身。俊厌弃现在重逻辑推理能力的学习，并不代表他就厌烦其他方面的学习。

我也常琢磨，热爱运动、心地善良的俊怎么就对学习这么厌烦呢？我们那么努力，到底哪里没尊重一个孩子成长的发展规律？从评价学生学习能力的指标中，我们可以看到，俊在“学习成就感”“自信心”两方面几乎为零。是不是我们过度重视排名、重视各类嘉奖，却“无心”地伤害了排名垫底的孩子？没了成就感和自信心，学习的专注力又从何谈起？更遑论独立性和反思力了。

爱学习、求成长，是每个生命的本能。有些生命暂时需要冬眠，那就缓一缓，再缓一缓，相信我们都可以有这份耐力去等待惊蛰到来。

2020 年 3 月 25 日

21 醒　花

1

最近迷上养花，网购的鲜切花、家养的草花、户外的木本花，都着迷。整个春天几乎把眼波都丢给了这些花儿。

第一次网购的鲜切花是水仙百合，当时被鲜花团购群里的图片吸引，大寒的日子，花儿的娇妍，让人心动。然而，打开快递盒子的时候，却大失所望。花枝蔫蔫的，就像垂死的流浪汉，花苞也耷拉着头，可怜兮兮的样子，让你根本就想不到她的未来可以千娇百媚。唉，现实与期待的总是有差距的，失望之余，我安慰自己，算了，人家娇滴滴的，千里迢迢从昆明飞来也不容易，咱不嫌弃了。

幸亏群主麦子有经验，马上发了一篇小文章过来，题目是《从来不醒花，就别假装你会养花》。读完才知，鲜切花是有“醒花”一说的。文中说：

> 她们还是含苞未放的状态，被切割的那一瞬间就离开妈妈，断水断粮，还要进入冷库降温休眠处理，然后舟车劳顿，长途跋涉，疲惫不堪。到你身边的时候，她最脆弱，最需要你的呵护。这个时候，请你深水醒花，好好照料，她们才能够健康成长，为你绽放美丽容颜。

文中附了具体的醒花方法，其实很简单，选择一个塑料醒花桶，放九成水，把花苞十公分以下全浸入水中，不干扰她，让她安心深度吸水，一个夜晚之后，她将会华丽丽地盛放。

我将信将疑地如法操作，没有专业的醒花桶，就用普通水桶代替。看见花花枯萎的叶子，长度多余的枝条，我控制住急欲剪枝的念头，不管、不管、不管，然后把花桶放在安静的角落，充满期待。

要想让一颗敏感脆弱的小心脏放松下来，得用时间去交换。

第二天早上起来的时候，迫不及待地就去看远方来的这些朋友，她们果然“醒”过来了，仪态万方，娇艳欲滴。

醒花，这个词就这样深深地打动了我。

2

脑海里突然就冒出了一个大帅哥，那是期末曾在我们班来去匆匆的泓。泓是插班生，已经休学在家一个学期了。因为身体基本康复了，父母希望泓能早日重返校园，复读的日期未到，得先找个班级暂时“寄读”。

泓来到我们班的时候是6月底，期末考前的最后一周，也是一年中孩子们最煎熬的日子。天气炎热缺空调的教室，没完没了的复习检测，超强度的课后练习，大家都是在忍耐中度过黎明前最黑暗的时刻。所以，周一早上，泓在父母和教务处老师陪同下，一大早出现在我们教室门口，我是愣了一下的，泓来得真不是时候啊。尽管家长和教务处老师都没说，但我隐隐猜得泓其实是有些抗拒来学校的。别看孩子长得高大帅气，但面对我们时一声不吭，且一整天与同学都不说一句话。孩子阳光的外表之下，藏着一颗敏感脆弱的小心脏，这样的孩子，往往有想法，却又不愿意与陌生人交流。要想让他放松下来，得用时间去交换。

所以，我把简单的注意事项跟泓交代以后，并没有期待他的答复，孩子需要静静心神，慢慢去适应。第一节检测诗歌默写，泓写得很不错，读书应该还是有功底的。然而，语文之外的其他课堂，我借经过走廊之机，悄悄观察，泓的注意力难以集中，第三节科学课，泓就开始趴在桌上罢听了。

课间休息老师们见面时，对泓颇有意见，哪来的不读书的插班生呢？公然趴在课桌上罢听，岂不是会影响班级风气？我们自己的娃已经管得心力交瘁了，为什么要接收不爱学习的孩子来插班呢？

确实为难。但从泓的角度来看，他走进我们的教室，肯定是鼓起很大的勇气的。他告别深宅了一个学期的家，他克服心理上的畏惧情绪，他怀揣一个新的梦想，小心翼翼地迈出了试探的第一步，这个过程是很不容易的。未曾细细体会过个中滋味的老师，很难想象一个轻度或中度厌学者回到教室是多么艰难。他就像那历经跋涉、蔫蔫地出现在我面前的香水百合，他会让我们对“好学生”的期待值倏地降至冰点，然而，若我们懂得“醒花”，能够给泓充分“深吸水”的机会，像泓这样底子不错的孩子，是完全可以在“被忽视”的寂静中渐渐苏醒的。

然而，急吼吼的我们却急于去“修枝”。两天之后，泓就不肯再来我们的教室了。

3

也想起了我自己。工作之初，我们的校长应该是深谙“醒花”之道的，他从来不会让一个新手贸然去当班主任。我是经过了一轮整三年的“醒花”之后，充分地“吸足了水”，看遍了学校里各个班主任的带班之道，也对同事们的优点和不足有了清醒的思考之后，校长才让我接手一个初一新班级。因为“醒”的时间足够，所以一开始带班，就能够得心应手，诸事顺遂。

后来调入新的学校，没经历“醒花期”的老班主任我，自信满满地走马上任。然而开学一周，校长就两次找我“聊天”。一是因为我是全校放学最早的班主任。刚来学校上课时，看到课表上写的是 4：20 放学，因不懂新学校的规矩，请教了本校任职已久的老师，几点放学合适，老师说没个定数，班主任自己把握即可。我根据自己以往的经验，都是课毕即放学，晚饭后统一晚自习，所以第一周每天比别的班早放学一小时而不自知。二是因为晚自习课堂管理问题。我原来学校的规矩，学生晚自习时教师要在办公室改作业或备课，不允许进教室讲习题，班级的自修纪律由轮值的校行政人员负责。到了新学校，也乖乖地待在办公室，被校长提醒才知两校管理风格迥异。如果学校允许新调入的教师对学校的校园文化做全面深入的了解，若能经历一年哪怕是一周的“醒花期”，工作效率肯定会提高很多，并且校园文化能得以传承。

磨刀不误砍柴工，醒花不误开花期，说的应该是一个道理吧。

2020 年 2 月 27 日

22 她“盗版”了我的蝴蝶裙，又“盗版”了我的梦想

那条翩飞着很多大小蝴蝶的裙子，还在记忆的源头，看着我。

1

那条蝴蝶裙子，是我设计的得意之作，至今想起，依然觉得好看。

那是入职第一年，我19岁。虽说也是师范院校毕业，但大学时代沉迷于看小说和写小诗的我，对教育学、中学教学方法的原理几乎一无所知，仿佛那只是考试卷中的一道道题目，考试一结束，便什么也记不起来了。实习时天真烂漫，光顾着和少年们交朋友了，实习结束后除了回程时难舍难分的一路泪水和少年们相赠的一大袋纪念品外，似乎也没什么教学的经验和反思。

就这么莽撞地站上了讲台，和少年们一起面对书本和青春的迷茫。无知者总是无畏的，那时的我就像是一只大蝴蝶，快乐而斗志昂扬地在教室里、在少年中间任意翩飞。学生呢，也真是一群“傻蝴蝶”啊，面对毫无经验的我，他们压根儿没想过，他们是可以对我挑剔和质疑的。他们也不像现在的学生那样，会对教师的业务能力评头论足，如果说那时他们也有评论，少年们评论的也只是我的裙子和笑颜。

那时，我和学生在课堂里自如、自在。

可能是潜意识里存在这样一起翩飞的画面吧，脑海里就浮现了这样的套裙：白色有飘带的柔滑的打底衬衣，咖啡色的小马甲，马甲的背后，钉着一个很大的白色蝴蝶结，上面再缀一个小一号的咖啡色蝴蝶结；咖啡色的八幅裙，每一幅裙摆上都钉着一个小小的白色蝴蝶结。后来果真做出来了，记得是大姐帮我做的裙子，而大小十个蝴蝶结，则是我自己一一缝上去的。

应该是很好看的蝴蝶裙吧。

因为两周之后，我的学生林玲，也穿着同样款式的蝴蝶裙“飞”进了教室。

只要你在讲台上，你就是少年的模仿对象。你今天的生活态度、生命状态，都有可能影响少年未来面对生活的态度和状态。

就是这么明目张胆地“盗版”！

2

那时，林玲是住校的，她父母在外地经商，平时都是姑姑负责监护。第一次与她姑姑见面，是在山凰的路口候车的时候。见我穿着“正版”蝴蝶裙，这个直爽的姑姑快步到我身边：“你就是张老师吧，我们玲整天念叨你。”然后，她告诉我，玲回家总爱说起我，说我每一条裙子的样式，说我“貌若天仙”，也说我的一些课堂细节，等等。至于“菜鸟”我在课堂上的尴尬与失措，不知是林玲还是姑姑的善意，总之，没被提起。

“玲总说你怎样怎样好看，今天看了，也就是一般般啦！”姑姑可能觉得如此“直白”会让我伤心，又补了一句，“是一般般的好看，不是玲说的天仙样的、蝴蝶样的好看。”

这个，我当然是知道的。学生时代相貌平常的我，自踏上了讲台，便在学生的嘴上和笔下，突然之间“羽化成仙”。不是时光有魔力啊，是这个职业，是我站的位置，让学生看老师时，目光里自带了美颜的神奇效果。

那时，玲和班里的几个女孩子，总爱粘在我身边。刚考完单元测试，她们就跟到办公室要我改卷，她们忘了老师也是要及时吃饭的。我这边筷子还未放下，也不知她们以什么样的速度匆匆扒几口，就已经堵在我的寝室门口，眼巴巴地看着我，撒着娇要我改卷。我说要去附近村民家的水井提水，等洗好餐具才可以，玲早已拎走我的水桶飞出去了，我就在女孩子们的簇拥下去了办公室。男孩子没有来女教师寝室的特权，就只有艳羡的份。

女孩子总变着法子找借口来我的寝室，纽扣掉了借针线的，肚子饿了要做汤圆的，大考快到了要来蹭复习的。玲那时是副班长，加之就住在我楼下，来的就特别勤。那时，我们的乡村中学就只有两幢楼，玲总跟在我身边，我们笑眯眯地穿梭在教学楼与宿舍楼，现在想来，还真的像大蝴蝶和小蝴蝶。

3

后来倒了个个儿，我也有了个机会去她寝室蹭了一宿。

那时她已上了大学英语系，我刚好要去她的学校参加英语等级考试，自然地就有了寝室卧谈会。让我意外的是，玲选的是师范专业。玲说，她央求姑姑为她做蝴蝶裙的时候，脑子里就规划好了理想蓝图：做一名中学老师，穿着蝴蝶裙站在少年中间。玲笑着对我说，她也要和我一样，做一名穿梭在孩子中间的可爱老师。

这个玲，“盗版”了我的蝴蝶裙，还“盗版”了我的梦想。

这是天下最欢喜的被“盗版”！想想自己，何尝不是这样。我“盗版”的就是我未曾谋面的祖母的梦想，孩童时听祖父讲起祖母未竟的乡村教师之路，早就暗下决心要续上。上学时遇到仰慕的老师，梦想就一步步清晰了。

记得一次在喜宴上与邻座的女士闲聊，当她得知我也是语文老师时，就在喧闹的人声音乐声中，拢着双手跟我说，她就是因为喜欢初中时的语文老师梁老师，作为数学尖子生的她萌生了当语文老师的愿望，得偿所愿后，更是不自觉地成了当年老师的“翻版”。当得知我与梁老师是好友时，她的话匣子更是关不上了，回忆起老师当年的精彩课堂，还有对学生的各种好，如数家珍。

基础教育阶段的老师，真的就是学生的模仿对象。记得当年语文课本中有一篇《螳螂捕蛇》，内含一张蟒蛇的大幅照片，我看了心生恐惧，暗中用一张小纸片覆盖了，没想到几乎全班同学也都学了这个小动作。

昨天，我问玲，还留着那条蝴蝶裙吗？玲说，蝴蝶裙在衣柜里是找不见了，但我穿蝴蝶裙的美好样子，早就深深地烙在她的脑海里，她也会跟她的少年们讲蝴蝶裙的故事。

回首那条被“盗版”的蝴蝶裙，它在记忆的源头看着我。那时，我凭着爱教育的本能，蝴蝶样地“翩飞”在少年中间。也是多年之后才明白，站在学生中间，在与学生的相处中，你代表的是谦和、平等和公正，这样的你，才能与学生建立良好的关系。

哪怕你还是懵懂的小老师，只要你站在讲台上，你就是少年的模仿对象。当你是一个成熟的教师，你应该意识到，你也是学生全方位的启蒙者。你今天的生活态度、生命状态，都有可能影响少年未来面对生活的态度和状态。

少年“盗版”的，岂止是蝴蝶裙？

2018 年 10 月 10 日

23 午夜来电

1

昨晚11点多了，合上笔记本正欲睡觉，手机的铃声响了。

这个点了还有人打电话，我是有点紧张的，赶紧接电话，原来是儿时好友玫。玫为人周全，向来谨慎，这个点了打来电话，肯定是有要事的。没想到，让玫控制不住急于倾诉的却是十年前的陈年往事。

往事的核心人物，是玫的儿子波波。波波以前是我的学生，初中时我们有缘做了师生，此时，他已在澳大利亚留学多年。昨晚，玫本是和儿子网上聊天，叙叙家常，说些闲话，也不知怎么的，就说到了一些负面情绪。玫也没认真，就随口一说，她觉得儿子高中的时候不肯学习，暴饮暴食，问儿子那段时光是不是有让他不开心的事。波波的高中时光，我也听闻过，确实有些遗憾的，身材走形，精神不振，成绩下滑。我和玫还都曾庆幸初中时有我盯着，波波后来才考上了省重点高中。

没想到，昨晚的聊天中，儿子告诉玫，初中时他被同学欺负——持续一年多的嘲笑和打击，早在那时心里就有了阴影，高中那会只是没有走出来而已。波波说，欺负他的人是班里的学霸，学霸嘲笑打击的手段都很高明，老师根本不知道，并且跟风的同学很多。那一年多，他每一天都做了同学的笑料，虽说学霸同学从未出手打过他一拳，但他的那些语言全是微笑背后藏着的毒针，是“软暴力”，让他无法言说，无法跟老师告状，无法跟朋友诉苦，无法找父母，当然也没能力怼回去。波波说，那个时候，他的心里，就是一片青紫，只是乐天派的妈妈和班主任小张老师根本不知情而已。

玫听呆了，在她心里，儿子是个智商高但在情感方面比较迟钝的孩子，平时她自己也常常调侃儿子取乐，没想到，孩子的内心曾受到那么大的伤害。

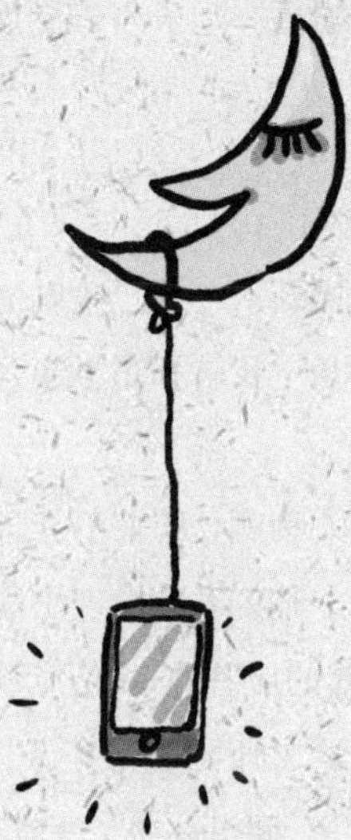

看着好玩的“开心豆”，你略一疏忽，就捕捉不到他眼底的屈辱和愤慨，你只有更敏锐，才能感知并成功助力。

波波说，时间已经过去很久了，他也不想再回忆一些细节了，让玫不用放在心上，他相信自己会有能力慢慢疗伤的。如此一说，纵是乐天的玫也坐不住了，迫不及待地想要我帮忙，掀开曾经的伤疤看看，儿子当年到底经历了什么。

2

波波的话语让玫震动，同样也让我震动，电光石火一般，我脑海里闪现出了当年我们一起嘲笑波波的那些片段。不费琢磨，我就知道欺负波波的是瑜，当年我们班的“带头大哥”。

在我的印象中，包括在玫的描述里，波波大大咧咧，从来不会计较一些小事。他平时也常一根筋地思考问题，有些做派，确实不按常理出牌。波波很真，真到不会拐弯地说话，以至于一些本来没错的应答在深谙“人情世故”的同学眼里就成了笑话。玫告诉我，有一次，小学老师要上公开课，开课前反复磨课，在班里也试上了一遍。轮到正式开课了，课至一半，波波举手了，老师问：“你有什么问题吗？”波波一脸纯真地告诉老师：“您忘了吗？这课您昨天已经上过了。”可以想象开课老师当时的尴尬，还有听课老师掩饰不住的窃笑。初中在我们班时，也有类似的“意外”经历。有一次波波和一男生课间打架，彼此不分输赢，上课铃响后各自归位，战争结束。可是到了下午，那男生正在埋头写作业，也不知波波怎么想的，突然就从后面给了那男生一记铁拳，之前连半点征兆都没有。男孩的打架自然也有打架的“规矩”，波波就是没能从生活中悟出这些“规矩”的那一个。

说句惭愧的话，每次发生这种“笑话”的时候，我也是人群中笑得很欢乐的那一个，有一回还笑出了眼泪，且每一回我都喜滋滋地打电话跟玫分享这些“笑点”，玫也常与朋友分享波波的“趣事”。现在想来，作为班主任的我和作为亲妈的玫，是多么没心没肺啊。

3

我在猜测瑜当时的动机。瑜也不是一个品行不端的坏孩子，瑜为什么要带领一帮同学对波波实施事实上的“软暴力”呢？波波从不招谁惹谁的，波波也不是任谁都可以捏的“软柿子”。我想，唯一的解释就是“好玩”。智商情商双高的瑜，每看到波波又在自己的操作下出现笑点的时候，瑜是有“导演”的成就感的，而同学乐于做“帮凶”，无非也就是像咸亨酒店里的客人一样，可以开怀地笑几声。

孩子小的时候，我们以为小孩子不懂事，常会拿着小孩子的各种糗事当着孩子的面来分享，这期间还常常有孩子至亲的家人成了“始作俑者”。孩子长大后，心里开了窍，有了自尊心，可粗心的大人常常没注意到，依然在那里随意调侃孩子，有些孩子脾气大，反抗过几回之后，周围的人也就不敢随便造次了。可有些孩子，像波波这样的，明明内心已经敏感细腻了，可是还常常装作“神经大条”无所谓的样子，周围的人就会对这些孩子有误会，以为他们是可以调侃的，还在那里开一些没有分寸的玩笑，哪里知道当事人的内心早已“青一块紫一块”了。

波波内心受到的伤害让我警醒，也让我羞愧。玫的电话挂断后，我开始在记忆里撒出一张大网，想要找出在波波之外，我们还曾在无知中伤害过谁。那个男孩，在同一天向校园里十个女孩发出相同内容的求爱信。校长截获信件后当着办公室十几位老师的面询问、调侃、羞辱他，我与众人在嬉笑时可曾考虑过男孩的感受？那个女孩，因为作弊被我发现，她下跪跟我求情不要告诉她妈妈。虽然考虑到安全因素确实向她母亲隐瞒了实情，我除了自己难受外可曾细细体会孩子的屈辱？可曾帮助孩子重建学习的自信？还有个男孩，因去同学家里玩一时起歹念偷拿了同学母亲的金戒指，被发现后羞愧难当而在中考前自动退学。我可曾以师者的宽宏谅解他并帮助他走出羞愧重回校园？……

网里的东西可真多啊，一直以为自己和善、宽容、真诚、公平，可翻检往事时，还是有那么多的疏忽之处。教育，和其他行业真的有太多不同，工业会允许有合格率，农业允许有成活率，而教育，你出的一丝差错，在孩子那里，就是全部。看着光鲜的“学霸”，底子里也许就有斑斑锈迹，你只有更细心、更专业，才能发现并成功“除锈”；看着好玩的“开心豆”，你略一疏忽，就捕捉不到他眼底的屈辱和愤慨，你只有更敏锐，才能感知并成功助力。

午夜来电，让我警醒。

2020年3月18日

24 背负家庭秘密的孩子

1

社会老师又笑着来告状了：你们班的宝妮啊，真的是个宝贝妮妮啊，你发现没有，她的课桌底下藏着巴拉巴拉小魔仙棒。初三的女生，再过两个月就要中考了，还像个幼儿园小朋友，上课还要偷偷拿出魔仙棒玩两下，真是又要笑又要气。现在的孩子，怎么这么不懂事啊！

办公室众人听了宝妮的奇闻，全都笑开了，大伙纷纷调侃我，干脆去批发一堆玩具，趁着即将到来的儿童节，人手一礼。

这个玩魔仙棒的宝妮，看上去真的幼稚得可以，每天嘻嘻哈哈，仿佛不知道人间的烦恼为何物。有时候考差了，她也会难过，甚至会落泪，可你若五分钟后再来看看，她又在那里与同学嬉笑了。有时候与同学闹了矛盾，她也会拉下脸来，可过了一会儿，又与这位同学拉着手一起去洗手间了。

可我不曾告诉同事们的是，在班级所有的同学里边，甚至在我的朋友圈里，我最佩服的就是这位宝贝妮妮。如果你知道宝妮的经历，相信你也不会简单地只从表象来判断一个孩子的内心了。宝妮也曾拥有幸福的童年，恩爱的父母，可爱的妹妹，富裕的家境。然而，宝妮小学时家里发生了一次惨祸，倾家荡产还不够赔偿，父亲作为责任人在狱中服刑，母亲经受不住打击，消极萎靡，年幼的妹妹还在读小班。事实上，这几年来，宝妮已经成为家里的精神支柱，也是家里唯一的快乐来源。别的女孩的青春期，有父母呵护；而宝妮，除了自我调适，还要负责宽慰父亲，劝解母亲。这些，该有多大的精神能量才能够支撑下来。

当初，为了不增加宝妮的心理负担，我提议对她的家事保密，我不曾跟同学们说起，就连同事也不曾说起。在家里，经历巨大变故后的宝妮扮演着

好多孩子背负了家庭的巨大秘密，他们稚嫩的肩膀根本背负不起，往往就显得比较特别。

母亲的“妈妈”角色，而在学校，15 岁的宝妮选择了扮演 5 岁小女孩的角色。也许，只有在不正常的两极互换中，宝妮才能艰难地找到她的平衡点。

我们看见的，有时未必是真相。

2

野最近的变化真的太大了，我几乎控制不住我的怒火了。

先是学业水平大面积滑坡，各科成绩全线齐齐下跌，就连以往很不错的语文，也考了不及格，仔细分析他的试卷，根本就是在心不在焉的状态下写的。找他聊天，也什么都不说，每次保证下次一定认真，可下次总是比上次更“任性”。再是穿着打扮的“社会化”，本来模样清秀、打扮校园风的小男生，突然之间就变成了“社会人”，每天来上学，校服只是进入校门时的“通行证”，到了教室，立马换成社会小青年的打扮。

紧接着，几乎所有的师生都觉察到，野谈恋爱了，对象是我们班的青。在校园里待久了，也见多了青春少年的朦胧情愫，然而，像野他们这么明目张胆的，我还是第一回见到。他们不像是校园“地下情侣”，而是像执证的“夫妻”，共用茶杯，帮拿衣服，每到下课卿卿我我，青痛经的时候，野还当着同学的面，很心疼地为青揉小腹。

这还了得？在好说歹说无效之后，只能找野的家长，可是找到的是一个未满 18 岁无法承担监护责任的表姐。我跟他表姐沟通了一堆肺腑之言，回应我的全是敷衍的言辞。联系野的父母，妈妈关机，爸爸只会说“知道了”和“对不起”。

后来找了野的好友了解情况，才知野的父母陷入经济大困顿，把自己家和亲戚家的全部积蓄，还有借贷款项拿来投资，全部打了水漂。在这辈子都难以还清的巨额债务面前，爸爸妈妈两个人都崩溃了，哪里还有心思去管孩子的学习。我们的野，他的内心该是多么恐慌啊，所以，他急需“快速成长”才能让自己找到一点支撑家庭的力量。这样，他前一阵子的表现就不难理解了。

我也知道该怎么跟孩子说了。

3

暖是我们班最让人羡慕的女孩，似乎上天特别垂爱她，各方面都好，是我们班的颜值担当、学业担当。还有令人羡慕的家庭，父母颜值高、修养好，生意也做得顺风顺水。可就是这样的一个“完美女孩”，却偏偏要结交一些各方面都有待提高的“问题少年”。

与父母反复探讨，找不到源头，但我知道，肯定有源头的，只是我们被浓雾迷了眼。果然，一次与朋友的聊天中偶然得知，暖貌似完美的家庭，其实早已千疮百孔，“完美家庭”只是别人看到的假象。暖因为是女孩，一直被爷爷奶奶嫌弃，甚至连拜年都不允许去爷爷奶奶家。在“男女平等”观念深入人心的今天，没想到我们那么优秀的暖同学竟然会因为性别在家族中受到歧视，怪不得她那么没有安全感。

我们看见的，都是孩子愿意被我们看见的某一部分。好多孩子背负了家庭的巨大秘密，孩子的肩膀还那么稚嫩，他们根本背负不起，所以，在现实中，背负秘密的孩子往往表现出一些特别的地方。当我们发现一个孩子突然发生了大的变化，我们先得考虑孩子是不是遭遇了什么。我们只是简单地询问，找家长了解，是难以了解到真相的。不知道真相，就难以真正帮助到孩子，我们张开的温暖怀抱，可能抱住的只是一片虚无，你和孩子之间还是隔着一片“毛玻璃”。

如果你能了解真相，保护真相，接近孩子的内心，那么，你离拨动他心弦的那一天就近了。

2020 年 5 月 19 日

25 男厕所的秘密

1

大清早刚到办公室，就听见男同事小李老师在嚷嚷，现在的小孩呀，真是不得了了，你们去男厕所看看那里有什么。

几个同事马上好奇地问到底发现了什么，小李神秘兮兮地说，刚才打扫卫生的老陈在男厕所垃圾桶里发现了一个避孕套，还拉小李老师亲自去验看过。我因为急着要去教室晨读，就没参与他们关于套套的各种猜想。

等我晨读结束回到办公室，小李老师悄悄地告诉我，据多方调查了解，这个套套是我班男生烨烨“用过”后丢在男厕所的。小李一种发生大事般替我担忧的神情，我作为当事人的班主任，倒没觉得会有什么大不了的事，男厕所是初中校园里的公共场所，能发生什么呢？

待到午休时，我找烨烨出来了解情况。见我问到早上的套套，大男孩烨烨害羞地笑了。他说，校外林荫道上，就挂着一个自动售套机，每个一元，投币即可。天天经过那里，男孩子们就好奇，不知道它到底长什么样，这不，今天上学路上就约好了一起投币取一个探究一下。晨读前，他们几个就躲在男厕所看个究竟，后来见上课了带到教室不方便，就丢在厕所垃圾桶里了。

这种说辞比较符合常情，我相信烨烨说的是实情，那个自动售套机就挂在围墙外，青春期的男孩子对它好奇，最正常不过了。对了，我们的“青春”系列班会之“爱与性”，我正愁怎么上才自然，这不，多好的切入点呢。

我问烨烨，你们的探究结果出来了吗。烨烨以为我在调侃他，笑着低下了头。于是，我认真地跟烨烨探讨了我们下一次班会的主题，涉及避孕套的相关内容，还真的要拜托烨烨与几个男生先去搜索资料，认真探究，然后就

若你能了解男厕所的秘密，你离真正了解男孩就不远了。

由烨烨给同学们讲课。我问烨烨敢不敢，大男孩开心地点了头，允诺说应该没问题。

2

程程六年前是我的学生，当年学业好、运动好，兴趣广泛，是校园里很吸引眼球的“全面发展生”。现在，他大学毕业，工作体面，谈吐不凡，长得也阳光帅气，是有魅力的青年才俊。

这个周末，程程约我到咖啡馆闲聊。程程搬了凳子到咖啡馆外面的阳台上，他解释说他要抽烟的。闲谈过程中，我发现程程烟瘾很大，几乎是一支连着一支。我问程程什么时候开始学会的，没想到，他告诉我是在初中的时候。

他说，是在初二那年，在男厕所见到有男生抽烟，很好奇。几个男生犹豫过，挣扎过，最后抗拒不了好奇心，偷偷地从家里带了烟，一直没被家长和老师发现过。确实，像程程这样的阳光男孩，父母和老师，是很难把他和“抽烟少年”联系在一起的。程程说，从初二开始，他其实每天都抽几支烟，只要找个小借口，比如上厕所、交作业等，都可以在自修甚至升旗仪式时躲在厕所来一支，厕位的独立空间比较封闭，把门一关，抽完再把烟蒂从下水道里直接冲走，不会有任何痕迹留下。

程程说，中学时代他其实很叛逆，但背负着“完美少年”的光辉形象，压力很大，内心也很分裂。每天在校园里抽烟的叛逆行为让他舒缓了压力、释放了自己。更让我意外的是，程程说，那时，全班大约有一半的男生都曾经在男厕所尝试过抽烟，为了好奇，为了刺激，但尝试过几回也就罢了，真正像他这样有烟瘾的倒也很少。

听闻这些，我非常意外，为程程，也为那一半的男生；更多的是自责，为当初自己的疏忽大意。程程却坦然地说，男厕所里永远有老师不能涉足的秘密，是青春少年的小小隐私，和老师的工作态度没什么关系。

3

离晨读结束还有两分钟，中中就开始准备他的下课三部曲了：脱鞋、穿鞋、系鞋带。他在课堂上常常坐不住，这个样子并不稀奇，我们也都见怪不怪。

奇怪的是今天并没轮到他值日，他却在铃声响起的第一时间，抓起教室的拖把就出去了。刚好在上课前我经过洗手间门前，只见中中还在男女厕所中间的水池那里冲拖把，旁边站着隔壁班的女生每每，看他们俩笑眯眯一脸幸福的小模样，且一个拖把冲了快十分钟还不结束，我知道，原来今天的拖把成了中中的道具，他和她是借劳动来这里说小话的。青春小孩的小把戏，我暗自笑道。没说啥，当然，也没啥好说的。

可到了下午，就在办公室里听到了他俩的“新闻”了：午自习前，中中又去水池那里冲拖把，每每还是去洗手，同学老师也来来往往的。可他俩在众目睽睽之下，竟然就亲上了，全然不管不顾。刚好撞见的隔壁班老师制止了他们，让他们各自回到教室里去。这位老师在办公室把中中的发型一描述，我就知道是他们俩。两个人在中考前的两个月，突然陷入恋情，难舍难分，哪怕课间的每一分钟，都想看到对方，只要有机会，就会走在一起。中中以前就常借口上厕所，长时间躲在男厕所不知道干什么，现在与每每交往密切之后，更是喜欢往厕所那边跑。少年人彼此吸引，是人之常情。但在公共空间过分亲近的行为，肯定不合宜，要及时想办法制止。

男厕所，是学校管理的“暗角”，它的私密性注定了会受到很多青春少年的青睐。男厕所，见证了很多少年人的幽暗时刻，有暴力、逃避、谩骂、作弊、破坏、舐伤，以及许多孩子们不愿让我们看见的隐秘。

如果我们的教育，能关注到男厕所的秘密，知道我们的男孩内心的隐秘世界，我们对男孩的帮助就会更有针对性，男孩子们也更愿意向你打开心门。我们不是要把他们的秘密“曝光”，而是为了更好地读懂这些男孩。教室里的孩子，在师生目光关注下，呈现的是他愿意扮演的少年角色；而男厕所里的男孩，呈现的是没有掩饰的真我。

若你能了解男厕所的秘密，你离真正了解男孩就不远了。

2020 年 4 月 25 日

26 当校园欺凌发生了

谁都不愿意发生的校园欺凌，但总是会在阳光校园里残忍地成为事实。

1

迪被欺负的那天，已经离此刻很多年了，但往事历历在目，每个细节、每种感触仿佛还在眼前。

其实那天午歇回到校园，我就有警觉的。初夏很明媚的午后，坐在办公楼台阶上的三个社会青年和菁菁校园的氛围多么不和谐，不用细看就知道，这三个男青年不是校内学生，且他们喝醉了酒，看上去流里流气的。安宁的校园，他们是怎么混进来的？此刻旁若无人地敞着胸口坐在台阶上，实在有碍观瞻。那时传达室只有一个负责看门和收发的老大爷，不像现在有年轻的保安。我想上去劝说，又怕他们酒后胡言，我一个女教师根本对付不过来。

进入夏令时后，同学们都回家午睡，等到下午 1：40 校门开放再来学校，而正式上课的时间是 2 点。中间的 20 分钟，是我们时间管理上的漏洞。

一进教室，我就感受到气氛异常。见我这个班主任来了，几个同学立马围了过来，告诉我班里最高大的体育委员迪竟然被人给打了。原来，刚才午睡回来后，大家发现教室门口站着三个社会青年，不怀好意地用手挡着门，不让同学们进来。大家一看这架势，都害怕了，也不敢说什么做什么，就在门外面等待。这时候，体育委员迪来了，就让男青年把手挪开，让同学们进到自己的教室。然而，三个男青年抬手就是一巴掌，打在迪的脸上，接着就是拳打脚踢。从没与人打过架的迪顿时懵了，尽管高大，也不知道怎么还手，同学们尽管人多，面对这突发的局面，也都不知所措。随着来上课的孩子越来越多，这三个男青年才大摇大摆地出去了。

迪伏在课桌上伤心落泪，几个女生也在哭。教室里就只有我一个成年只要有人的地方，就有“江湖”，不管学校的德育体系多么完善，人性的弱点注定校园也不是“桃花源”。

人，大家在等待着我为他们做主。听了孩子们的描述，我知道刚才打人的肇事者肯定就是坐在台阶上的那三位，决不能让他们跑了！我立马打电话给传达室，要求把校门关了，别把他们放出去。然而，我们还是迟了一步，他们刚刚离开了校园。

这可怎么办？此事若就这么不了了之，对孩子们的伤害是多么大，一定要想办法处理。我打电话告知了校德育处，但人已离开校园，德育处的老师也非常无奈。迪的父母在外省经商，我立即打电话告知了实际监护人迪的叔叔。

听闻此事，迪叔自然认真对待，与学校德育处老师一起报了警。还算幸运的是，这三个醉酒男青年，那天下午在其他地方惹了事，刚好被警察抓回了派出所。第二天下午，前一天还趾高气扬的三个男青年在羁押 24 小时后，来到我们教室时衣衫不整、神情萎靡，同学们看着他们的样子，一个个掩饰不住笑意。先是警察主持发言，再是肇事者郑重道歉，还有现金的赔偿，并承诺永不再骚扰我们同学。孩子们上了人生特别的一课，这样的处理，已经是最大限度地降低了此事带来的负面影响，也让孩子们知道，被欺负了，一定要通过合理的渠道要求伸张正义；而任意欺负人，也肯定会为此付出代价。

后来，我们还组织了一场讨论：如果再遇到此类挑衅事件，我们该怎么保护自己。

2

尹被学长欺凌，结果就没那么乐观了，我和尹的父母也是在事发一年多后，才后知后觉地意识到后遗症之严重，然悔之晚矣。

尹是我们班的学霸，是那种只是学业优秀而其他方面有争议的孩子。尹是聪明的孩子，平时也没看见他努力学习，然而每次考试都能轻轻松松名列前茅，惹得其他同学艳羡。尹脾气有点冲，不管是对老师还是同学，讲话直来直去，有时还语带嘲讽，常让别人下不来台。加上他成绩优秀，常使人有种恃才傲物的感觉，尹也不在乎别人怎么看他。

尹上初二那年，有天独自在校外林荫道上步行，却被迎面而来的三个初三的学长甩了耳光。尹很生气，质问理由。学长说，你每天站在教室外面的走廊上，那样子好像你是这一层楼最牛的校霸，就是看见你这种样子不爽，今天就来教训教训你。因为是在校外，当时也没有本班同学在，尹就这样莫名其妙地被欺凌了，我们毫不知情。

第二天，尹的父母来到学校告知此事。此事性质恶劣，我和德育处的老师当然非常重视。但尹的父母是医生，修养很好，他们并不主张严惩那三个动手的学长。在德育处，尹的父母当着儿子的面，跟他们讲道理，语气平和，用语文雅，尹父尹母希望双方能和解，重点是要求那三个男孩保证以后不再对尹动手。然后，尹父尹母又劝说尹，要他学会宽容，也得注意自己的站姿和眼神，不要给别人造成“自以为是”的假象。

受到尹父母态度的影响，这次欺凌事件的处理结果是最温和的，那三位同学无理打人，却只被温和地劝诫，没做任何处分，甚至连严厉的训斥也没有。事后，这三位同学也确实没有再“骚扰”尹同学，大家都暂时地松了一口气。

然而，没想到的是，欺凌事件之后，尹却完全变了一个人。当初尹高傲得像条“小青龙”，现在却情绪低落，怎么也不肯跟人说话。起先，我和尹的父母都认为过一阵子就会好的，找他谈心时低头一言不发的样子也没有引起我们高度重视。后来，尹的状态越发低迷，上课也没心思听课了，作业也不肯做了。我们终于意识到事态的严重性，再找他谈话，已经连机会都没有了。尹根本不肯跟任何人说话，回到家，也是关起门来不理人，后来连学校都不肯来了。

这个时候，我们才悔之晚矣。尹的父母也终于明白，当孩子在外面受了欺凌之后，孩子多么需要师长站在他身边，做他的坚实后盾。尹父尹母的宽容，在外人看来是修养、胸怀和风度，但在儿子尹那里，却是愤怒和绝望，父母的胳膊肘竟然往外拐了，孩子是多么伤心啊。小小少年的心里，觉得父母漠视了自己的感受，心里比受欺凌还要冰凉。

当孩子受欺凌之后，我们首先想到的应该是孩子的感受。切实地从孩子的角度考虑，他到底需要什么，再根据实际情况，尽力抚慰孩子。

迪与尹遭遇的欺凌，都是我们最不愿意看到的，但只要有人的地方，就有“江湖”，不管学校的德育体系多么完善，人性的弱点注定校园也不是“桃花源”。我们的教育，除了尽可能地避免校园欺凌发生，还要在欺凌既成事实之后，尊重孩子感受，妥善处理，让欺凌事件对孩子心灵的伤害降至最低。

希望每个孩子的午夜梦里，是我们书声琅琅的青春校园。

2020 年 4 月 28 日

27 芝士也是力量

中考在即的女儿，这两天明显有些沉闷。后来，一块芝士小甜点拯救了她，她又恢复了以往快乐的样子。遂想起了中考前夕班里发生的那些事儿。

1

考前一周，欣来找我，话语直接。欣说已经连续两周了，根本睡不好觉，每晚都被噩梦纠缠。梦里全是飞蛾，空中飞着蝗虫般的一群群，地上还有死去的一大片。欣说，非常恶心，非常窒息，因为梦里无法呼吸，也无法下脚。

欣是我班的一个女孩子，初一时成绩曾经辉煌过。但理科偏弱的她，进入初三后，即使很努力，也难以进入校前百强。这也就意味着难以考入温岭中学，而考入温中偏偏又是他们一家的夙愿。几次模拟考试下来，欣都在百名外徘徊，故考前明显焦虑，连以往会的数学、科学基础题，也常莫名卡壳。考前一周，焦虑明显加剧，连入睡都有障碍。

于是，以帮她解语文之惑为由，我邀她周末带习题来我家小坐。我选了临窗的餐桌，因为窗外是初夏新长的嫩绿的香樟，令人安宁。两人按 45 度角坐下，这其实是心理咨询的最佳角度，不直面，又都能看见。先是认真讲题，讲解她近来不太明白的题，讲了题，她的心就静了。小憩时间，吃点茶歇，拉家常般的，就讲我自己，讲讲混沌的初中和迷茫的高中，总之都很平庸的中学时光，算是自我暴露吧。然后就讲初中学业和将来成才的关系、成才与幸福的关系。总之，想让弦绷得太紧的欣明白，人生很多时候，为自己留点退路也是可以的。允许自己不优秀，也是人生的一种智慧，好的生命状态，应该是从容和舒展的。

我们又分析了梦里的飞蛾。初夏时节，江南多梅雨，室外湿漉漉的，飞蛾向光，晚自习的灯光，自然成了它甘愿献身的“圣地”。前些天，教室里确

知识就是力量，
“芝士”也是力量呢！

实有好多这些让人“惊惧”的“小英雄”。梦里的场景，也许是超现实的，但我们要学会从中看见自己的情绪。欣说，她看见了自己的恐惧。但她紧接着说，现在好多了，晚上应该能安眠了。

后来，欣说，曾持续一周的飞蛾再也不来“骚扰”了。一周后的中考，欣奇迹般地考出了初三以来的最好成绩，顺利圆梦。

2

再说说愉。

愉是语文课代表，她对这份烦琐的工作特别热爱，总是尽心尽责，我也特别感激她。

愉对学习也是尽心尽责，很少有能像她这么自律的。然而遗憾的是，良好的学习态度并没有带来漂亮的成绩单。愉在班里算是中等偏上吧，要考重点高中，确实有点悬。

在中考前十天，愉在随笔里写下了她的焦虑，说是已有半个月，几乎无法入睡了，不知该怎么好。愉的母亲也告诉我，她已经跟愉沟通过很多次了，让她放下包袱，不管考哪个学校都没关系。愉自己也很努力地想要放松下来，然而，亢奋的大脑根本停不下来，非常苦恼。

很明显，愉的情况跟欣不一样。

于是，在那个周五晚上，我约了愉共进晚餐，女儿陪同。地点是学校对面的牛排馆，也是选了窗外有香樟的靠窗位置。一直是闲聊，就像和闺蜜的聚餐一样。忘了具体聊的什么，总之，美食、趣事、文坛八卦之类的。

没有谈学习，没有谈志愿，没有谈情绪，没有谈未来。总之，很生活化、很放松。

至于我请她共餐的理由，也是真实的，就是感谢。是真的很感激，我告诉愉，她是我认为的最好的课代表。共餐完毕，也就散了，没有交代，没有祝福。

奇迹也总是会有的。后来愉告诉我，那次吃完牛排后，内心充满了快乐，并且还住进了安宁。当晚，就睡得很好了，一直到中考结束，她心中一直是有光的。

3

还有鸿，一个很阳光的男孩，进入初三以后，状态一直很好，一路高歌猛进，排名从学校 200 名外挺进了前 20 名。就是这样最佳状态的阳光男孩，也跑到我办公室，跟我说他很担心，怕自己根基不够扎实，万一考差了怎么办。

我知道鸿是自信的，找我，无非是要得到确认。所以，我就笑着对他说："如果连你都需要焦虑，那我怎么办啊？班里靠谁去争光啊？"

就这一句带着爽朗笑声的话语，已经可以做鸿的定心丸了。鸿中考顺利，分班考更是考出了温中排名前 20 的佳绩，还在新的班级里当了班长。

你的班里也有考前焦虑的孩子吗？如果你细心观察，如果你的孩子肯向你求助，你会发现，欣、愉、鸿，就在我们的班级里。做班主任的我们，即使是一位优秀的心理咨询师，也不可以给孩子做规范的心理咨询。我们和孩子是如此熟悉，这是心理咨询必须回避的。

但是，我们可以使用咨询时的某些技术，比如，倾听、自我暴露、共情。考前的关键时刻，我们除了要关注孩子的情绪，更要关注情绪背后，孩子心理的诉求。每个孩子是不一样的，每个孩子背后的家庭也是不一样的，我们要尽可能多地懂他，并因人而异地安抚他。此时此刻，只有用心，才能感知到另一颗稚嫩的心的异动，以我们的经验和技术，使那颗心镇定下来。

培根说，知识就是力量。但参加一场大型考试，除了要掌握基本知识外，还要靠发挥良好的心理状态，才能在考场理智、清醒、敏捷、高效。

这么说来，芝士也是力量呢。能让你放松下来的那些小甜点、小情调、小细节、小氛围，谁说就不是力量呢？

2019 年 6 月 3 日

28 范冰冰的鸽群从蓝天飞过

范冰冰，男，我上一届的学生。

1

范冰冰眉清目秀，白白净净，与人友善。

他让我刮目相看，是有一次我与他母亲的电话联系。

他母亲跟我商量，可否向我请三天假，说是妹妹要去广州参加全国少儿模特大赛，哥哥也想同行。我按下心底的不满意：范冰冰都初二了，还那么贪玩，就连家长也这么不懂事啊。出于礼貌和好奇，我问他母亲妹妹的模特技能是从哪里学的。

没想到，答案竟然是：基本上是哥哥教的！

这可惊着我了。在我的印象中，范冰冰是内向腼腆的，从没见他在教室里展示过才艺。两年的相处，从未发现他的艺术才能，作为班主任，我也真够失职的。

当然，我立马激动地表示支持他作为艺术指导全程陪同，同时，我的脑子也飞快地打转，得好好利用这个信息呢。

2

班会课上，我“故弄玄虚”，向全班同学隆重介绍了范冰冰不为人知的能耐。大伙儿都很惊诧，范冰冰也被我的“突袭”弄得一脸绯红。

紧接着，我检讨了自己的“有眼无珠”，然后高调宣布：即将进行的校运动会入场式，班级方阵的设计，全权交给范冰冰。要求是：在遵循学校安排的前提下，必须出彩，必须“亮瞎”所有人的眼睛。

范冰冰欣然受命，全班掌声雷动。

孩子、家长、老师，是成长共同体，彼此认可、点赞、成全，三者的和谐才能让每一个个体借助共同体的力量走得更好更远。

方案的设计很迅速，范冰冰也确实有两把刷子。他设计了脸贴，上面是我们“青春玖久”的班级标志；他设计了方阵要举起来的四方牌，还在学校统一发放的班牌反面又做了我们自己的班级标志。这些，他都提早一周请人做出了成品。

此外，他还委托爸爸联系租借了代表我们全班同学的46只鸽子，还在网上订购了方阵所需的36朵大太阳花。

一切都在秘密中进行，为了给大家足够的惊喜，他只告诉了我。

我开始期待开幕式。

3

计划，永远赶不上变化。

因为气象预报说，原定的运动会日期有雨，学校临时决定运动会提前举行，也就是接到这个通知的第二天。

可是，我们的36朵大太阳花还在路上！联系物流，说是还在温州中转站，最早第二天早上10点到温岭，可我们的开幕式是8点钟，并且，太阳花是重要的道具，我们必须6:30就开始排练，才能确保运用自如。

这可咋办？不承想，范冰冰的爸爸竟然决定连夜开车去温州取花。温岭到温州，开车单程就要两个小时！

晚11点，他无比欣慰地发来了微信：花已到温岭，明早6:30确保送到三中。

那一刻，真的好感动。毫不犹豫地回了微信：中国好家长！

4

开幕式上，我们班确实是惊艳亮相。

尤其是走至主席台前，班里四大帅哥把扛在肩膀上的四方鸽笼放在地上，单膝下蹲，着白手套打开鸽笼，46只鸽子渐次飞出，组成鸽群，在校园上空盘旋，继而飞向远方。

飞向远方的何止是鸽子，更是我们全班46位同学的心。记得还有个小插曲，当其他鸽子争抢着挤出鸽笼飞向高空时，还有一只赖在里面不肯出去。我们都紧张了，因为每一只鸽子都代表一个孩子，若少了一颗飞向远方的诗心，全班都会不开心的。

三秒之后，那个落后分子急慌慌地出了鸽笼，去追赶大部队。原来，这位老兄刚才是在拉粑粑。

大伙笑了，心安了，目送着鸽群从蓝天飞过，全场掌声雷动。

开幕式后，几乎路上碰见的每一位同事都在为我们点赞，并纷纷打听鸽子的各种信息。我告诉同事们，我是真的无可奉告啊，因为真的不知情，是范冰冰一手操办的。

整整一天，我和孩子们回答着各种奇怪的问题，多么傲娇。

5

运动会结束后，我代表全班同学，向范冰冰和他的家人表达了诚挚的感谢，范冰冰的家长也因为我们的隆重感谢而深深感动。

在家长眼里，老师最闪亮的时刻，是发现了他的孩子的闪亮，并创造让孩子闪亮的机会；在老师心底，职业的最大价值是发现孩子的潜能，并尽最大可能让潜能发展成为能力和特长；在孩子的心中，最喜悦的时刻，是自己的爱好被老师和家长认可，并共同创造机会让自己飞。

孩子、家长、老师，三者是成长共同体，彼此认可、点赞、成全，三者的和谐才能让每一个个体借助共同体的力量走得更好更远；反之，如果彼此猜忌、怀疑，我们产生的都是反作用力，会让彼此的前行倍感艰辛。

我们一起前行，才能走得更远。

2019年10月13日

29 了不起的妈妈——阿琴

1

初识阿琴，是在 19 年前。

在我即将工作的学校，招生正在进行，家长在一旁以聊天的方式暗中考查我们这些即将上任的老师，每天人来人往，络绎不绝。

阿琴引起我的注意，是因为她是唯一一位来了就不走的家长。有两天吧，她一直待在我们的办公室，坐在藤椅上，看我们跟各路家长各种交流。这种交流，内容大部分雷同，甚至连笑容和礼仪都类似，然后被一个陌生人全程旁观，说实话，我是有些不自在的。和搭档的英语老师交换了一下眼神，我明白，我们都希望她早点结束“考查”。然而，整整两天，阿琴一直坐着，也不怕无聊，不怕尴尬。

为了给孩子选择合适的老师，阿琴是执着的。

2

一个月后，阿琴就成了我的学生家长。

报名那天，其他家长都是匆匆寒暄，交流几句就回去了。阿琴依然在我的办公室待了很久。我有空时她就跟我聊她的女儿，语文怎么好，画画怎么好，表现怎么好，小学班主任又是怎么好。

那个时候，家长跟老师说的最多的话，就是我孩子缺点很多，老师你一定要严格要求，要打要骂千万别心软。

阿琴这样爱夸耀女儿（甚至连女儿的小学老师都要夸）的家长，我还真是第一次见。

待我去教室上完开学第一课，发现阿琴还没走。也是很多年后，跟阿琴

一个经常被表扬、内心有“骄傲感”的孩子，肯定比有羞愧感的孩子更有力量。

聊起这开学第一天，才知道那天她和好几个家长其实一直躲在教室外“偷听”。我早忘了我那天说过什么，但阿琴表扬我“生活好（温岭方言，是指专业技术过硬）”。

这个阿琴啊，真是有点意思。

3

后来三年的接触中，才真正领教了阿琴独有的“夸奖”之道：

当着女儿的面夸，当着老师的面夸，甚至当着刚认识的路人也会夸；夸学习，夸态度，夸待人处世。

还夸女儿的好伙伴，海剑、金涛、陈麒、林璐，一个个在阿琴口中都是金光闪闪的，甚至连这些孩子的家长，都因为阿琴的热情而组成了一个延续十几年的温暖的小团体。

当然，她的女儿，我的学生包婷，也确实值得她夸耀。学问、人品、担当，都没的说。记得初三时，常有男孩会心浮气躁，在小教室里坐不住，各种折腾。每当这时，我就用上“绝招”——调去与包婷同坐，一个月下来，男孩总能静下心来。再换一个，又能由躁入静，屡试不爽。

包婷后来考上了温中，后来又考上了清华。

那时，我很羡慕阿琴的好运气，能遇上几乎不用管教就很优秀的乖女儿。

4

真正让我觉得阿琴了不起的，是听到阿琴的儿子包舒考上了清华的研究生。

与出色的姐姐相比，弟弟的学业，在很长一段时间内，是相当暗淡的。在石塘念小学时，就不算起眼。后来到了城里念初中，也是成绩平平，是靠自费才上的市二中。

弟弟念高中时，阿琴已经不再是我的学生家长，但她依然会告诉我姐弟俩的各种进步。弟弟英语念得好呀，弟弟考上了北京林业大学呀，阿琴都会找机会跟我说。

“我儿子呀，就是认真，就是自觉，他说他也要考清华。”每次，阿琴都会这么信心满满地说。

没想到，还真成了！

阿琴的老公是长期在海上跑运输的渔民，孩子的教育几乎是阿琴独自在承担。阿琴，确实是了不起的。

阿琴的教子之道，除了乐观、执着、善良、重视教育这些良好的家庭教育的“标配”，还有她的独门秘籍——表扬。

阿琴全方位的、无缝隙的表扬，唤醒了孩子沉睡的梦想。每个孩子，其实都是带着使命来的。到了中学以后，在残酷的竞争中败下阵来，孩子往往会“理智”地选择交回梦想。而阿琴的信赖，给了孩子信心和敢于做梦的勇气，有梦，才有可能。当初学业平常的包舒，敢于做“清华梦”，就是了不起的。有勇气，才会有能力把握机会。

阿琴的表扬，背后是对孩子无条件、永久的爱。这种爱，能让孩子聚焦生活的美好，心思纯正、奋发向上。而很多家长教育孩子，一直在诱发孩子的羞愧感。而羞愧和内疚，差不多就变成对孩子最大的伤害，一个经常被表扬、内心有“骄傲感”的孩子，肯定比有羞愧感的孩子更有力量。

了不起的阿琴，虽然只有初中文化，但她是真正懂成长本义的人。

如果读到这个故事的你，也好奇这个了不起的清华妈妈，不妨去石塘小房子民宿，去听阿琴讲讲孩子们的故事。

2018 年 11 月 21 日

30 我的彩色孩子

金 孩 子

“医生诊治身体，教师锻造心灵。所以，教育，就是‘教能治愈’。”

讲出此等了不起金句的谢景帆，不知道未来会成为什么样的大“家”。此刻，他是我的学生，市三中八年级（12）班的孩子。讲这话的时候，是一节突然被“改道”了的语文课。

就是上午第二节，铃声响起时，突然心中一动：“疗愈课堂”为何具有疗愈功能这个困扰我三天的问题，为什么不问一问孩子们呢。

三分钟后，一朵小浪花溅起：在疗愈课堂上，我们因充实而满足；平常的交谈，内容无法抵达内心，慰藉不了内心的孤独，疗愈课堂让我们有归属感。率先发言的展峰表情庄重。

我激动地把要点写在黑板上，并让课代表全程记录。

渐渐地，朵朵浪花溅起：

佳麟说，每个人疗愈孤独的方式不同，课堂是一种。

愉博说，学习，让人免除恐惧；课堂，会产生更深层的快乐。

这些浪花激起了更多的浪花，发言者越发踊跃，发过言的同学又一再地要继续呈现自己的思维进展过程，连“舒适区”“犬儒主义”这些专业的词汇都出来了，你根本就不忍心打断。

教室里金光闪闪的，仿佛古希腊的哲学讲堂；发言的孩子金光闪闪，连站姿都格外挺拔；静听的孩子也金光闪闪，虽然还没表达，但思维的深处早已泛起金色的涟漪。

45 分钟很快过去，金孩子们说，这样无疆的课堂，让他们往心灵深处走得很远。

我们能否让孩子升起自己的那轮太阳，然后照得他熠熠生辉呢？

红 孩 子

“我来！”

“我先来！”

“那就石头剪刀布！”

一边比画着，一边腿早已伸出去老远。

那是昨天的语文课，(11)班的课前荐书台。本来，一天两个，按号次来，向来井然有序。可昨天一鸣荐的是《笑猫日记》，一时“群情激奋”，那是他们小学时共同追过的书！于是，顺乎“民情”，又是一节临时“改道”的语文课。

檬萱说，读《哈利·波特》，发现魔法少年其实是和现实世界挂钩的，更是和我们一样，在矛盾中拼搏着长大。康淇说，喜欢《贩罪》是带着苦涩与骄傲的，书很小众，却扭转了她的思想。

一个个容光焕发，言语激动，场面如上所述，一时难以控制。

教室里红光闪闪的，活跃得犹如麻雀的早会，回忆和共鸣让孩子们心中的小太阳冉冉升起。

45 分钟转瞬即逝，红孩子说，这样的“悦读”，让我们爱上了阅读。

绿 孩 子

“纸沙发来啦！”

“快去看纸沙发呀！”

当我们小心翼翼地把浅褐色的纸沙发展开，拉长，固定，然后再变出最漂亮的弧线，整个阅读区顿时散发出宁静、安适的光芒。围观的孩子们一改平时的玩闹，似乎连笑容都是收敛着的。

让他们去试坐，一个个又变成了害羞的孩子，悄悄地把半张屁股轻放在沙发上，犹如施展了轻功。

因为，这是我们力排众议，才决定要用的纸沙发！开学初，阅读区的座椅选择颇费了心思。木匠师傅说，最好是铁的，再不济也得是实木的；同事说，布艺的或是皮质的，也可以。总之，一定要结实的，因为这个年纪的孩子闹腾。可是，跟孩子们商量以后，我却坚持买下了这两款纸沙发。

神奇的事情发生了。

自从纸沙发来了以后，孩子们经过这里，就变得轻言悄语的，坐在沙发上阅读的时候，安静得像一株株绿色的植物；上届的学生来看望老师，不小心把纸沙发坐卷边了，孩子们小心地一遍遍地捋平，神情安宁得就像蒙上了一层闪闪的绿光。

一年的光阴过去了，纸沙发光鲜如故。绿孩子说，投我以木桃，报之以琼瑶。

科学书上说，水本无色，因反射阳光而有了赤橙黄绿青蓝紫。每个生命，来到世上时，皆为赤子，状如白纸，因不断习得，才让生命渐渐沾染了各种色彩。

我们只是普通的教师，我们成不了孩子的太阳。但是，我们能成为真正的“人师”，能真正地把自己看作是“人”的老师。人，他有思想、有热度、有无限的可能、有情绪的流动，我们的课堂能看见并且尊重学生的“流动”，我们的教学行为，能否让孩子升起自己的那轮太阳，然后照得他熠熠生辉呢？

愿每一个学习者，都是彩色的孩子。

2018 年 12 月 18 日

31 美食开出的花儿

三年前，参加学生小奇的婚礼。与我同席的都是当年班里的孩子们，现在已年届而立。推杯换盏几圈后，大伙儿的兴致渐高，回忆的闸门慢慢拉开。

酸奶与牛肉干

最先起立敬我酒的是张虎，当年那个瘦弱而聪颖的男孩。

张虎站着说了两件事。

一是酸奶。张虎说有一回我带他来家里吃饭，招待了酸奶。新千年，酸奶刚在温岭上市。张虎说这是他人生第一次品尝酸奶，味道很意外，当时没忍住，就跑到洗手间吐了。可是，吐过之后，却爱上了酸奶独特的风味，至今都特别喜爱。他说每每吃到酸奶，都会想起我。

二是牛肉干。他说有一回出皮疹，虽说不痛不痒，但红红的一块块，看着怪吓人的。他说我当时送了一袋牛肉干给他补身体，他豪爽地和同学分享了。可以想象，在当时那个杜绝零食的寄宿制小学校里，那些牛肉干的味道，何止五香！

张虎说完，把斟满的酒一饮而尽。他说，这些美味在他心底永不磨灭。

有这样的事吗？孩子，我是真的忘却了呀。那时，我们的小小学校纪律严苛，两周才放一次假，平时不允许出校门。我体谅孩子们舌尖上的寡淡，常私带他们回家改善伙食。叫上两辆三轮车，每辆三人挤着，一路开心的啊。有时是挑选近来需要鼓励的孩子，尝一尝我母亲的手艺，任何的言语也就不必了；有时也就什么也不为，随机的吧。那是孩子们的小小喜悦，犹如中个小奖一般。张虎母亲早逝，我带他回家的次数就多一点，至于具体吃过什么，还真的记不起来了。

把善意通过美食输送到孩子心里，没想到，竟让孩子心中的花儿开得那么生机盎然。

怡口莲和蕾丝裙

接着起立的是静之，当年校园里的文艺明星，也说了两件事。

一是怡口莲（一种牛奶巧克力夹心糖，味道跟普通糖果差别甚大。当时刚在温岭流行，味道独特）。喜宴的现场很热闹，静之与我隔着两个座位，讲话时身体前倾，于嘈杂中努力让我听清。她说，这么多年她吃过世界各地的许多巧克力，但是，全世界没有一种巧克力比张老师给我的怡口莲好吃。说着，竟然泪眼蒙眬。我那时特别喜欢怡口莲，偶尔袋子里装着，会悄悄地塞给他们一两粒，孩子们也笑着接过，欣喜地塞在兜里。记得当时，给过的学生蛮多的，有这么感动吗？

二是蕾丝裙。静之是我这么多届学生中，最有文艺天赋的，我常陪她参加各种比赛。我们那个学校很小，各种比赛都是我这个班主任作为领队、指导师，还兼任化妆师。那一回，是六一文艺会演吧，静之是主持人兼独唱歌手，我悄悄地为她挑了一条白色泡泡袖的蕾丝裙，很轻盈很浪漫的小公主裙，作为告别六一的礼物。

当静之说起这条裙时，大滴大滴的泪水顿时滑落在她美丽的脸庞。

毕业之后，我们从未交流过生活琐碎，没想到，小小的礼物，还装在她的心底；一旦提起，竟然还可以如此动容。

我也不禁泪目。

鸭汤面，还有怡口莲

这时，爱热闹的蔡蒙先饮了一满杯，然后说了一碗面条的故事。

他说，有一回身体不适，一整天都吃不下厨房的伙食。我带他回家，下的那碗面的主料是吃剩的鸭肉鸭汤（惭愧啊），我只加了清水，煮开后放了面条和青菜。他说那时我厨艺很菜，但这碗面条的滋味真的特别好呀，是他永生不会忘却的美味。

好啦，不再絮叨那些我早已忘却却被他们铭记的美食。

喜宴结束后，步行回家，往事渐渐浮起，怡口莲的事也渐渐清晰。

那是静之上初二的时候，她因为朗读、发言有浓浓的文艺范，让同学感觉颇为不适。不知不觉间，男女生都对她有些疏离。孩子们真的没有嫉妒，静之更没有什么错。当时，我不知道该怎么去消除这种隔膜，只在心底为她担忧着这种难言的“高处不胜寒”的落寞，很心疼她。就在那时，我收到王尚文教授的助理胡晓敏寄来的怡口莲。那种优雅的紫色的铁皮盒子，分外漂亮。那时，还没网购，温岭能见到的怡口莲，都是简装的小袋或小罐。我是生平第一次得到那么漂亮的童话般的糖果，无比喜欢，舍不得拆开。

也就是一个突如其来的念头吧：如果把这一大盒漂亮的糖果全送给静之，她一定很喜欢。晓敏寄给我时，我已收到了快乐；如果能再给小姑娘带来抚慰，快乐就是双份了。

终于懂得了她席间的感动：这盒怡口莲，它哪里只是糖果呀？它是迷惑的青春里，老师的肯定、接纳、赞美和支持。把它放在床头时，是可以让寂寞闪光的。

教育是什么？有人说，是你忘掉了所有老师传授的功课后剩下来的那些东西。

那些留在孩子们记忆深处，触动他们内心的美好，真的不是你精心设计的一节课、认真批改的一次作业。这些美好是教学之外，你跟他们的联结。

那时，我正青春，凭着爱的本能，把善意通过美食输送到孩子心里。没想到，竟让他们心中的花儿开得那么生机盎然，而且久远。

2019 年 10 月 2 日

32 黑暗料理

1

14 岁的初二男生乔，年少轻狂，那自以为是的斜睨的小眼神，仿佛世界都不在他话下。

有一天，乔妈找我诉苦，她根本无法跟乔好好沟通，乔早就没把她这个妈妈放在眼里了。乔妈我是认识的，她是一名优秀的外科医生，无论是学识修养还是容颜气质，按常理说都应该是孩子的骄傲。然而，我私下跟乔谈心时，我让乔对妈妈的角色形象做一个评估，没想到乔给出的竟然是零分。乔的理由是，妈妈除了工作还会什么？除了给他准备一日三餐还会什么？除了把家收拾干净还会什么？

少年的乔啊，他根本不知道，这样有颜有才还会持家的妈妈，该是多少人艳羡的“别人家的妈”啊。乔妈自责道，可能乔在责怪她跟乔爸分开的决定吧。

还有一回，校工老陈也跟我说起乔的事。乔某天用完厕所后没冲水，被老陈逮个正着，老陈拽着他的胳膊，坚决要求乔必须冲水后才能走人。乔却在那里大声嚷嚷：学校花钱请你打扫卫生，冲厕就是你的工作，你拿了钱不好好干活，你以为钱那么好赚的？老陈说，幸亏他自己是“练家子”，不然，没有这一膀子的力气拽住乔，逼他冲干净了再走人，他真要被乔这小子气吐血了。

这个乔，学校教育、家庭教育也不缺，他生活中也不缺那些讲道理的“鸡汤”，他又那么聪明，怎么就偏偏“不讲道理”呢？

2

我决定，对待乔，我要做个“不讲道理”的班主任。

少年有时反感讲道理，我们不妨做个“不讲道理”的大人。

刚好，周五下午放学后，我去教室检查晚上家长会布置的情况，只见乔独自留在教室，原来乔妈出差，他的晚饭无着落了。他独自待在教室，很落寞的样子，晚上的家长会，看来他家来不了人了。尽管我紧接着就要见家长，但乔的落寞还是触动了我，我跟乔说我也刚好家里没人，晚上没饭吃，不如来我家一起“将就”一下，乔竟然爽快地答应了。我们匆匆回家，准备简餐。我笑着问乔：“冰箱里没库存了，只能来点黑暗料理了，你怕不怕？”乔眉毛一扬：“好啊！”我不禁打趣道：“又辣、又苦、又臭的，真没事？”“我可以的，真没事。”乔满眼笑意。

呵呵，乔这孩子，真不知天高地厚啊。我一时玩心大发，从冷冻仓里掏出半块四川烟熏肉，配上几个最辣的尖头辣椒干：“很抱歉，我家里没有鲜肉，只有这半块烟熏肉。我研发的川味炒饭，不知道你喜不喜欢？”

没想到乔嘴巴一咧：“我最喜欢新奇的口味了。”

我炒的时蔬是清炒苦瓜，煮的汤叫“香飘千里”。“香飘千里”是老辈温岭人的最爱，是用腌久变臭了的苋菜与豆腐一起煮，豆腐的鲜嫩加入苋菜的奇臭，味道独特，只是“香”真的飘千里啊。平时在家，我不敢轻易煮，因为女儿闻之色变，且这“香味”绕梁三日“余香”不绝。

“抱歉哦，家里没什么新鲜菜，只能将就啦。”

“老师，我真可以的。”少年的乔啊，哪里知道为师我的“陷阱”。果然，乔的汤刚一入口，他的眉头就皱了一下，但骄傲的乔马上恢复了微笑的模样。

“乔啊，这川味炒饭有点辣，苦瓜真有点苦，汤有点味儿，吃不了别勉强。”我热心相劝。

“我可以的，真没事。”乔这次的回复，声音没那么明亮了。

那个周五晚上，乔最后还是没能扫光我的“黑暗料理”。我至今犹记得他当时羞涩的表情，这种表情，在骄傲的乔脸上出现，太难得了。那天的“家宴”是匆匆结束的，因为我要赶家长会，我们甚至连寒暄都来不及，更何况谈人生、谈理想、谈修养这些深刻的话题。

3

那次“家宴”之后，骄傲的乔不曾提起过那次黑暗料理，就是在随笔里也从不曾描述过，我也没跟乔妈提过。只是，后来的乔啊，经历了好多这样“不讲道理”的事情之后，他在教室里追着老师问题目的次数多了，帮同学解答难题时的表情也柔和多了，放学后留下来帮同学做值日的身影也多了。大伙都说乔真是脱胎换骨，成了谦谦君子。

初三那年，乔有两篇作文，令我印象深刻。一篇是写乔妈做早餐，感觉乔妈简直就是仙女姐姐下凡；另一篇是写与校工老陈不打不相识的忘年交友情，叙事的背景是校园烂漫的樱花大道。我在班里读乔的文章，赞乔的变化，讲青春期“摧毁一切的难看”和“重建三观后的金光闪闪”，我灌了一节课的“鸡汤”，乔一脸幸福的模样，同学们也是得尝“美食”后笑脸盈盈的样子。

一年后，当乔以全市前“三百强”的高分升入重点高中时，我跟乔妈提起了这顿“黑暗料理”，乔妈笑了：这小子，怪不得后来性子收敛了很多，以前可是狂得很哪。

这顿“黑暗料理”，在乔“油盐不进”的时候，在我不得不“不讲道理”的时候，它用它的“暗黑而浓烈”，代我讲了道理。逆反期的孩子有时反感讲道理，我们不妨做个“不讲道理”的大人，你若有心，总会遇见能代替我们“讲道理”的事或物。一本经典著作、一首触及心灵的好歌，或是一场引起思索的电影、一次好友之间的闲聊。

何乐而不为呢？

2020 年 6 月 3 日

33 我为什么不敢轻易发火

前阵子，在以前的学生回忆我的一篇推文的留言区，看见这样的文字：

不知道张老师是否还记得我，但我真的无法忘记她。在初二升初三的最后一段日子里，用那强有力的双手，狠狠推了我一把，不仅推醒了两年来一直沉睡的我，也把我推上一条更加光明灿烂的道路，让我如今回想起初中生活，怀抱的不是悔恨，而是满满的感激！

1

孩子，我怎么不记得？尽管我无法辨识留言区的真实姓名，但看到这些文字，我立马就知道是你，妍。那次我狠狠地“推”了你一把的场景，我怎能忘却？

那天，我在办公室改作业，鉴于你近阶段学习上有点放松，班主任刘老师又一次约你谈话。刘老师就坐我对面，你们的对话，我想不听都不行。刘老师真是温和啊，大道理、小细节，处处提醒你，语气平缓，表情真诚。我知道，刘老师是真的担心你，到初二了，你还这么松散，总惦记着和同学聊天，甚至上课时间也常偷偷说几句笑话，学业没放在心上，成绩每况愈下。为此，刘老师曾和我探讨过好多回，他也跟你的爸妈沟通过好几次，但一直无效。

刘老师语重心长，而你呢，却笑嘻嘻的，还时不时瞟向门口。门口隐约传来嬉笑声，我知道肯定是你的“死党”来“打探军情”了。我一时火起，你们也太不懂事了，再不下点狠劲来惩戒，你真的醒不过来啊！

于是，办公室里难得地飙起了我的高音，我拿着“长矛”，刘老师紧接着“利剑出鞘”，我们配合默契，句句猛戳你的心窝。说实话，我当老师这么多

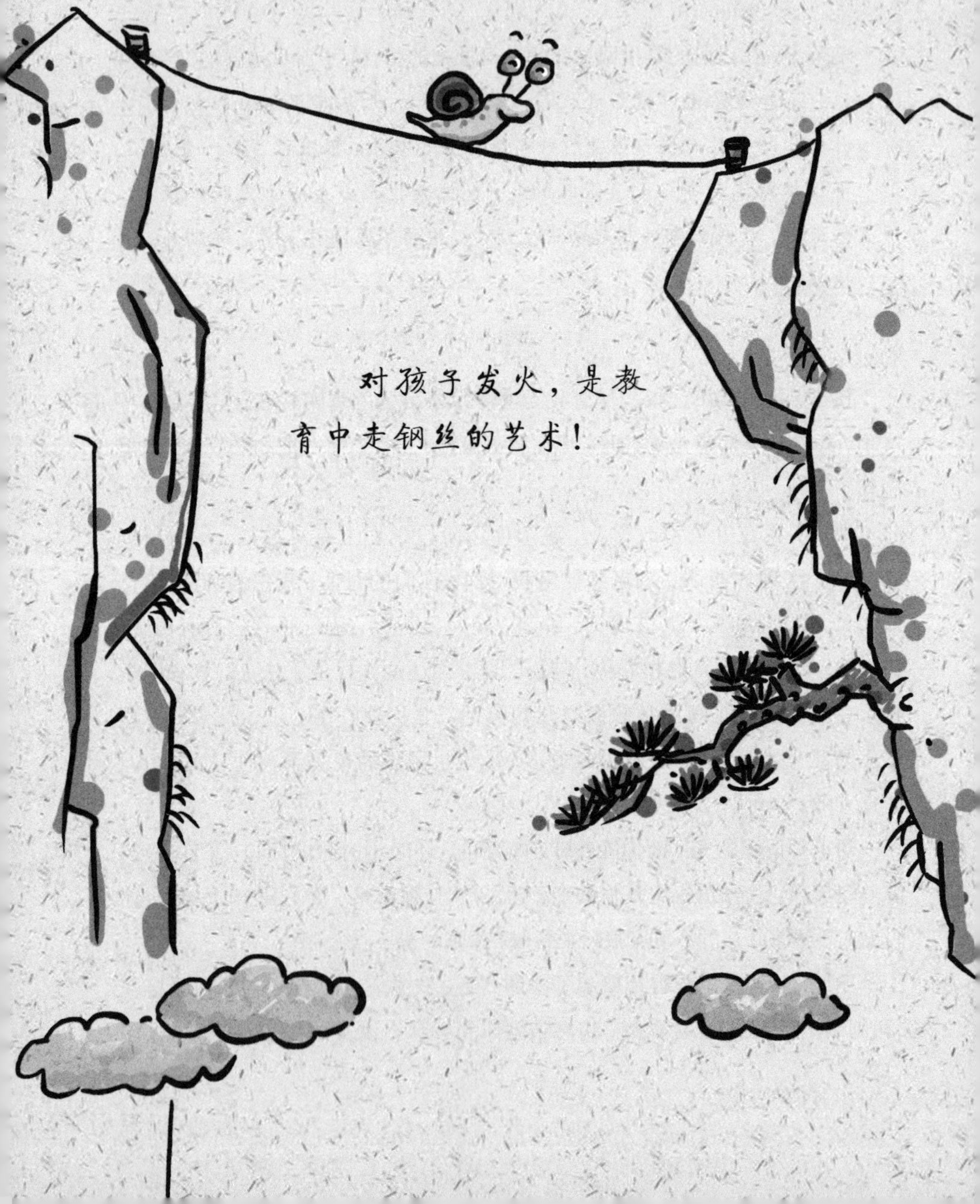
对孩子发火，是教育中走钢丝的艺术！

年，也狠狠地批评过学生，但从来不像那天那样把话说得那么直白。

妍，你知道吗？我责骂你的时候，是很清醒的，我知道我们在做着让我们和你都很丢脸的事。但那一刻，我们不丢脸，真的不行了。老师舍不得看着聪明伶俐的你学业一路下滑，必须止住啊！我咄咄逼人，气势如虹，你一下子蒙了。你的眼泪瞬间就大滴大滴地落下来了，梨花带雨，惹人怜爱。但我的狠话却像那隆隆装甲车，毫不留情地把你的自尊碾个粉碎。

有一种爱，叫作置之死地而后生，妍，你可知？

2

那天批评过后，我让你面壁思过。我陪在你身边，放低了声音，放缓了语速，跟你讲了很多情谊。

你念小学的时候，就跟我女儿在一个舞蹈队里，我一直当你是女儿的好朋友；你的家人，我也是认识了十几年的。你听着，默默地流着泪，若不是还有其他老师在场，我也会止不住我的泪水的。

那天之后，你真的像变了一个人，认真、专注。那眼神，旁若无人，只装得下学习。我们都看见了你的变化，欣喜着你的变化。那阵子，班级里被表扬最多的，肯定是你了。直到中考，你一直保持着这种良好的状态。妍，我真心佩服你的坚韧，不过也纳闷，据以往经验，惩戒在短时期内是有效的，我们给出的“药”，怎么有如此长效呢？

在后来的聊天中，我得知你曾在那年暑假接受了系统的情商课程的学习，已经学会了自我激励。你感谢了我，也让我放心，会做最好的自己。果然，在上海的名校念高中时，你还拿到了奖学金，钢琴、舞蹈，也都曾惊艳亮相。

你们中考后的那个暑假，我向你学习，也去北京自费学了情商课程，还考了培训师证书。

3

妍所不知道的是，针对她那次开足马力的“发火”，成了我的绝唱。

这之后，三年了，我没发过火。就在本周，别班的一个女孩子，因为来不及写完卷子，对收卷的我大发脾气。我们班的孩子都气得想揍她，但我没有半点发火的念头。不是为师我修养提高了，而是我深深懂得了：

对孩子发火，是教育中走钢丝的艺术！

它是高难度的教育技术，稍有不慎，将会万劫难复。从性格色彩学来讲，红色性格的孩子、绿色性格的孩子，可能你发火，他们也能接受；而蓝色性格的孩子，你一旦对他发火，尤其是过了火，他往往会记恨很久。师生关系一旦破坏，受影响的绝不只是学业成绩。

像那个来不及写卷子的女孩子，当时已经很冲动了，我不了解她的性格特点，也不知道她承受“火力”的级别，如果以我的更猛烈的火来扑灭她的大火，会是最好的选择吗？何况，发火是撕开了对方的伤口，你若不以更多的后续教育手段来缝合，伤口极有可能溃烂，孩子会更加没有向上的力量。我们温岭方言说的“打打索索”，就是强调后续的愈合程序。我和那女孩子不认识，我也不太可能对她有后续的“索索”的过程，所以，只能选择放弃当时的“打打”，让她的班主任来接手事件的处理。

李希贵先生曾说，批评教育是一个“闭环过程”。你若发了火，要经历“批评—表扬—激励—改进—巩固—养成”这个完整的过程，教育活动才算完成。

学校，是允许学生犯错的地方。甚至有人说，学校，就是学生练习犯错的地方。如果你决定向犯错的学生发火，你可想过批评后头跟着的五道漫长的程序？若你没做好准备，不妨先克制自己的怒火；若你没克制住，那就必须得补上后续的教育手段，你的教育才算是真正地发生。

相比“发火”，我更喜欢选择“激励”。因为表扬与鼓励的力量是远远大于惩戒的。它更安全，也相对简单。激励教育，可以是“发现—激励—巩固—养成”四道程序闭合的环，也可以就是纯粹的“激励”。它让人发现自己的美好，并能协助学生去寻找成功的感觉，是更为高妙的教育手段。

因此，我不敢，也不会轻易发火。

2020 年 1 月 16 日

34 鸡 子 酒[①]

如果说此生对学生有偏爱，松林肯定是其中一个。对松林的偏爱，始于他初中毕业与我分别，升入高中的一个月之后。

1

2003 年秋天的期中考后，他母亲找到我。说是孩子很不适应高中的生活，烦躁、气盛、成绩下滑，加之常被班主任批评，松林甚至到了“怀疑人生”的地步。

平时也常听到高一新生不适应的事儿，往往过了几个月也就慢慢适应了。但像松林那般强烈不适应的，倒也真是少见。松林中考时成绩优秀，是全市第四名，分在了理科实验班。经过交谈，得知主因是暑假放松过度，迷上游戏，上学了还记挂着游戏；次因是松林接受不了新班主任的管理理念。

初中时，松林真真是全面发展的好学生，文理皆长，平衡发展；就是音乐与体育，也很有天赋。记得初二学校元旦文艺会演的时候，他和另两位男生上台唱《挪威的森林》，全情投入，激情澎湃，唱得班里其他男生按捺不住，竟然不顾比赛规则，途中又跑上去三位，围着话筒，唱“嗨”全场。市运动会，他没训练过几次，竟然也轻轻松松地拿下了 B 组第二名。上天确实偏爱他，就连长相，也是特别阳光帅气。

升入高中后，他积极参加社团活动，还参加了学校歌咏比赛、朗诵比赛。运动会，除了报项目参赛，还组织同学排练入场式，投入了很多精力。而他的新班主任为了让他“收心”专攻学业，干脆就不许他再参加学科之外的任何活动。

① 鸡子，温岭方言，即鸡蛋。鸡子酒，温岭民间进补的一道美食。用鸡蛋加黄酒清炖，煮熟后加红糖。

哪有什么碉堡啊，是你们当老师的想多了，才老想着要去炸掉孩子的“碉堡”。

这下，松林不开心了。

他的新班主任可能不知道，松林还有一颗桀骜的心。记得初一新生报道的那一天，上午第四节是组织大家介绍自己，轮到最后一位松林同学时，放学的音乐已经响起。松林起立，没有像其他同学那样介绍自己，而是朗声相问：可以放学了吗？

我喜欢这样有个性的鲜活的孩子，瞬即开心回复：可以。

曾经那么喜欢的孩子，现在却遭遇困境，我一下子心软了，答应了他母亲的要求：暂时借住我家书房，等他平静了再住回学校。

2

那时我还没学会做家务，母亲身体也还硬朗，与我们同住，松林的起居也是母亲在照顾。说是照顾，也没什么多的杂事，每天大清早，松林就坐校车去了学校，待晚上再坐校车回来，往往是 9：40 了。也就是住一宿吧，也很难讲清这样借住的意义。

只上过半年小学的母亲，总觉得读书是一件很辛苦的事情。松林每晚一踏进家门，母亲总要端上一碗红糖鸡子酒，一脸慈祥地招呼松林享用。松林喊我母亲“外婆”，他们很少交流生活的内容，吃鸡子酒的时候，两个人都笑眯眯的。待松林吃完，母亲便去自己房里睡觉了；松林则是洗漱，再写点作业，睡觉。

等松林没在家的时候，我不止一次地提醒母亲，蛋黄难消化，临睡前吃是不合适的。还有，一天能摄入的蛋白质，两个鸡蛋就够了，你那么一大碗鸡子酒，难消化，又吸收不了，真不合适。再说了，天天吃相同的夜宵，也是一件很恐怖的事啊。每回，母亲都坚持说，松林喜欢鸡子酒，小伙子正在长身体，学校里吃不好，得回家补补。

在母亲的概念里，最补的莫过于鸡子酒了。我常怀疑，松林住我们家半年，仿佛意义就在于那碗每晚都等候着他的鸡子酒。

3

松林的父母在外地经商，松林从小就寄住在学校，跟父母少有言语，且不和谐，所以连电话也几乎不打。他每月回老家一次，去看望 90 岁的老爷爷。其余的周末，仍住在我家里。

周六晚上，我常和松林出去找各种美食，有时还一起看看电影。他已经从我的班级毕业了，还这么信赖我，我也就真把他当自家弟弟了。看见好看的服饰，觉得松林穿起来肯定帅气，也会自作主张地为他买下。

周日，有好多回，等我睡足后起来，发现松林并不在家。松林跟我母亲说，他去学校打篮球了。午后 1 点左右，他会悄悄地回家，灰溜溜的，根本不像是运动过后神采奕奕的样子。我和母亲都看得出，他肯定溜到游戏厅了（那时，还没有智能手机，孩子们都在游戏厅玩游戏）。

我想找松林好好谈谈，母亲却阻止了我。母亲说孩子要面子，别说破，一旦说破了，他溜出去的时间就没有节制了。幸好松林回来的时间基本上是固定的，母亲执意不吃饭，她要等松林一起吃，并且告诉松林，她早上吃饭迟，刚才还吃不下，现在刚好想吃了。在打游戏这点上，母亲向来装作不知情，从不曾说过一个字，也不允许我提。

奇怪的是，敢与班主任和父母顶嘴吵架的松林，在“外婆”面前，却是害羞的，声音从不曾高过半个分贝。天渐渐冷了，可能是怕我母亲等得太久菜凉了不好吧，冬天到了，松林竟然不外出了。曾经戒不掉的游戏瘾，这个“外婆”竟然悄无声息地帮他戒掉了；曾经的躁动和气盛，也变成了和顺和安宁。

期末考试，松林的成绩也恢复正常了。他提着一篮包装漂亮的水果送给“外婆”，说下学期他要回学校住了。

多年之后，偶然的一次闲谈，我问母亲，你当年用的是什么招，怎么就轻易地用鸡子酒攻破了松林的“碉堡”。母亲笑笑说，哪有什么“碉堡”啊，是你们当老师的想多了，才老想着要去炸掉孩子的“碉堡”。母亲说，松林只是“吃力”（方言，即累）了，读书吃力了，心也吃力了，鸡子酒补补，就刚刚好。

这一刻，我怎么就觉得，我的母亲像是《天龙八部》中的“扫地僧”呢？

2020 年 1 月 17 日

35 寻访美丽温岭人

1

期末考试一结束，我给九年级孩子们布置了一项走向社会的作业——小组合作，寻访美丽温岭人，完成人物访谈，并制作成美篇推广。

孩子们的疑惑马上就来了，谁是美丽温岭人呢？什么样的条件称得上是美丽温岭人呢？我让孩子们先讨论第二个问题，定下我们自己的标准：人物的行为能代表温岭各个领域最美好的样子。

按照这个非官方的本班标准，我让孩子们在期末考后的几天内先多方搜寻，提供候选人的简介。散学式那天，我们经过讨论，确定了同学们推荐的十位候选人：

俞明德（年近九旬的少先队终身辅导员）

郭文标（建立海上民间救助站，全国见义勇为模范）

莫灵江（新河小学教师，2019年马云乡村教师奖获得者）

郑文兵（市教育局干部，三次援疆）

管文君（市五中教师，市慈善义工教师服务队队长）

小梁（市民间机构“流浪狗之家”负责人）

郭永军（市三中教师，市阅读领航人、诵读领航人）

林贤（教师进修学校教师，画家，为“讨海人”塑像）

杨渡（少年作家）

陈荣新（“非遗”传承人，市海洋剪纸艺术家）

我们的作业要求是：

1. 确定采访人，预约时间、地点。

2. 查找采访人的背景资料，拟五个以上采访话题。

天是天的样子，云是云的样子。教育中，孩子也应该是孩子的样子。

3. 小组（不超过五人）共同完成对采访人的访谈。

4. 写一则访谈记录（800 字以上，配两幅图）。

5. 春节前制作成美篇发到班级作业微信群并自行推广。

九年级的孩子们要求我提供这些候选人的联系方式，并事先打声招呼。当然，对于孩子们的这些“有理”要求，我肯定是“无情”拒绝的。

2

最好找的当然是郭永军老师，自己学校的老师，到教师形象栏中一寻找，几乎不费吹灰之力，就能找到。而联系其他人，就没那么容易了。

但八仙过海各显神通，没船可渡，孩子们就会找到自己的方式。

鼎之想起小学时跟杨渡的爸爸学过写作文，家里还留着联系方式，小伙伴们经过沟通，少年作家放下手头正在创作的小说，决定接受“非正式”采访。

莫灵江老师非常低调，从不肯接受各种媒体的采访。意外的是，正因为我们的孩子没有任何媒体的“背景”，唯有赤诚，莫灵江老师反而被孩子们振奋纯真的诚心打动，主动为孩子们破了例。

打听郭文标的地址倒不是难事，在他的家乡石塘小镇，几乎人人都知道守护海上平安的“平安水鬼”郭文标的住址。但他是个大忙人，能约到访谈的时间着实不易，孩子们就把自己的时间改成“弹性时光”，只要郭文标有空，他们就全都“有空”。

找到小梁可真是不容易啊。已经打探到“肖泉村”的地址了，可依然是遍寻无着。跟小梁通了一次次电话，犹豫地往肖泉村的大山腹地不断挺进，终于在市郊荒无人烟处，听见了此起彼伏的犬吠声，才确定是真的找到了“流浪狗之家”。

两个班级的孩子，完全按照个人意愿，分成 17 个小组，在我没提供任何帮助的前提下，全部采访成功。

3

除了完成访谈实录，还有好多意外的收获。

熠阳小组采访到的是全国见义勇为模范郭文标，除了接受采访，郭文标还给孩子们讲了很多海上救生的故事，还答应孩子们来教室给全班同学讲故事。

家琦小组去采访流浪狗基地的负责人小梁，被他们纯属公益的行为打动，还发动家长一起加入“流浪狗之家”，捐款献爱心。

舒涵小组去采访海洋剪纸传人陈荣新老先生，除了完成采访，还参观了老先生的一系列剪纸作品，老先生还亲自示范，给孩子们上了一课。

意外太多，惊喜连连。孩子们完成的不只是语文活动之访谈记录，更多的是走向社会的实践。“语文的外延和生活的外延相等”，上课时间我们已经被书山题海包围，假期，就应该有不一样的学习方式，我们不能把教科书视为唯一的课程资源。

“教育之道无他，唯爱与榜样而已。”德国教育家福禄贝尔的话常被我们视为经典。我们常把榜样请到升旗仪式上、班会课上、道德课堂中，可是，像这样主动地去思考榜样、寻找榜样、书写榜样，是不是会在潜移默化中能让孩子们得到更多的滋养呢？

美丽温岭人，寻访美丽温岭人的孩子们，真的都很美。就像此刻的天空，天是天的样子，云也是云的样子。教育中，孩子也应该是孩子的样子。

2020 年 3 月 5 日

36 对不起，老师粗心了

1

今天，是寒假作业“家族寻根”上交的截止日。虽说昨晚已经在作业群和家长群里都催过，但今天上交率还是不高。

下午，专心在电脑上写故事，没时间打开孩子们传过来的文档，当然也就没有及时地回复修改意见。想着他们过几天就要集体上网课，这个作业，势必得今天给出修改意见，因此，傍晚煲汤的间隙，我匆匆掏出手机查看。看到认真的，做了保存，并转发朋友圈一起欣赏；看到潦草的，包括没图片和字数不足的，立马在群里吼了吼。

这时，煲的牛肉汤需加笋丝了，赶忙剥笋切丝加入。完事后继续看刚才打开的“家族寻根”作业，一看，就乐了：寻的竟然是“红领巾爷爷”俞明德老先生家的根，还没细看，我就断定是哪个粗心鬼把两项作业给搞糊涂了。我们还有一项作业是“寻访美丽温岭人”，做访谈，并配上图文并茂的访谈记录，年前好多同学选择的就是他们敬爱和喜爱的俞爷爷。哪个孩子啊，粗心成这样，真是让我忍不住笑出声来，并说给先生和女儿听。然后，就在和女儿的闲聊中，我又给汤加了葱段和盐。然后再打开作业群，发现这个粗心鬼竟然是学霸郑凯戈。

凯戈是个幽默开朗的男孩，每节语文课，他不找个笑点调侃一下，是绝不会罢休的，当然，我也是每逢调侃必回敬的。一来二去的，给我们的语文课带来很多的机智和快乐。这回，他家族寻根寻到大名鼎鼎的俞爷爷家去了，我怎么肯放过这么大的一条“小辫子”呢？

抓住开饭前的一分钟，我匆匆地在孩子们的作业群里留了言，提出了两条修改意见。在举例凯戈同学的“笑话”时，我还控制不住地配上了笑声，还

大人犯错后，只要肯虚心认错，孩子们总是能宽容地原谅。

附上一句：我实在忍不住要笑了。并在心底很阴暗地想象同学们听到后笑喷了的样子。哈哈，郑凯戈同学，你也有今天！

2

美美地享用了晚餐，再溜了几眼电视。然后，一边贴着墙静站，一边翻看微信，想看看同学们是怎么笑话凯戈的。

作业群静悄悄，只有凯戈重发的作业和附的一句话：这是我的，我想没错啊。我打开凯戈重发的作业，是没有错误的。并且，他用的是特殊的字体，跟我原先阅读的那篇字体不一样，唉，怎么就记错了呢？再翻出写俞爷爷的那篇寻根文章，仔细一看，原来是俞林善的。细看内容，俞明德爷爷就是俞林善同学的太公。我们这次的作业要求是寻找家族四代人的足迹，刚好是从太公说起。而我，一看俞爷爷的一组照片，也没看文字，就想当然地以为哪个粗心鬼闹了笑话。没想到，闹笑话的是我自己！

想起自己还在作业群里调侃，一时羞煞也！我对不住凯戈和林善，也在整个作业群里产生了不好的影响。老师对待作业潦草，怎能要求孩子们认真呢？唯有真诚地道歉，才能表达我的愧意。于是，在群里写下了这些话：是我没看仔细，又把俞林善的作业看成郑凯戈的了，郑重地向郑凯戈和俞林善同学道歉！一直不知道俞明德老先生是俞林善的太公，惭愧！

如此这般，仿佛还不够，就发了个可供 35 人抢的红包，标明“向全班同学表示歉意”。善良的小俞同学马上回复：没事儿的，老师。我想想，又补了一句：你们可别像我那么草率哦，下午忙着其他事，是在煲汤的间隙匆匆打开看的，然后自以为逮了一个笑话就贸然留言。

顽皮的凯戈同学立马跟上：我也这么认为。

3

大人犯错后，只要肯虚心认错，孩子们总是能很宽容地原谅。孩子们不但从不记仇，甚至会因为大人肯认错而对大人产生好感，他们绝不会在你道歉之后还揪着你的错误不放、常常提起或是向你的领导打小报告。在大度的孩子面前，我们自己的很多做法，真的是有失礼貌呢。

每个孩子借我们东西，都会礼貌地问一声：可以吗？而我们有时候在教室里改作业没红笔时，是不是随手就拿了他们桌上的红笔，有时就根本没征求过他们的意见？我们用完他们的笔，是不是有时候就顺手搁在了讲台或是带到办公室忘了还回去？

每个孩子在校园里遇见老师，都会主动问好，偶有害羞不敢问的，也都低了头装作没看见。而我们是不是常常会在路遇学生时就等着他们问好却很少主动问好？当孩子响亮地喊“老师好”，而我们是不是常常就点点头或就一个字“嗯”？

每个孩子在作业中写错了、课堂上答错了被指出之后，都乖乖地认了错并积极地改了错。而我们在课堂上明明知道刚才讲错了题，被学生指出或是被自己发现，是不是常常就找个堂而皇之的借口，说这个题在不同的情况下有多种说法从而蒙混过关呢？

我们常常告诉孩子，不要害怕犯错误，犯错误是学习的好时机。其实，对我们而言，这话同样有理。我们都不是完美的人，犯错误在所难免，若我们能以正确的态度对待错误，就是在孩子面前树立起对待错误的榜样。

2020 年 2 月 6 日

37 神奇的水壶

那是2013年的冬天了，学校教学楼还没有设水房。

初三学生每天上午的大课间和下午辅导课后，都有很大运动量，再加上体育课，基本上每天都多次“湿身”。那年冬天的风也似乎特别大，孩子们逆风飞奔，回到教室，常常咳嗽不止。超市只售矿泉水，并不供给热水。

教室真的很需要热水，我很想把办公室多余的那个电热水壶放在教室。跟同事讨论，大家都不赞成，因为危险啊。万一孩子们玩闹时不慎打翻，热水溅到身上，那就麻烦了，而现在的校园，安全是高压线。

心里还是放不下这事。于是，表达了我的美好心愿，然后跟孩子们讨论，分析利弊，研究可行性。最后，全票通过“决议案”：要用水壶！

信赖，比爱更温暖

因了这份信赖，孩子们的眼睛熠熠生辉。当然，这信赖是有根基的：在班会课学习性格色彩学时，我们班的测试结果是以稳定的蓝色、绿色性格为主，活泼的红色性格只有一人，平时班级里确实很安静的（我之后带的一届孩子，以热闹的红色为主，就真的不适合在教室里放电热水壶）。

于是，我干脆将信赖坚持到底：不设专人负责！烧水、倒水，全都自由。没水了就去烧，谁都可以去；想喝水了就去倒，晚自习时也可以；放水壶的桌子，谁见着有水渍就去抹。可以完全自由地使用一把电热水壶，孩子们一下子被这份信赖弄得兴奋起来。

电热水壶到教室这天，我还特意送去一大袋红糖。那是朋友赞助的，她亲戚家刚生产的。我讲了红糖的来历，还专门放在一个大罐子里，配了木勺子。孩子们很开心。课后，倒水、喝水，都笑眯眯的。晚自习时，也常有孩子悄悄地过去倒水，满足地退回。让他们快乐的，哪里只是一杯热水啊，让他很多时候，我们都会忘记了教育，而教育，就这么悄悄地、神奇地发生了。

们快乐的，是整份完整的信赖！而信赖，是比爱更温暖的。冯骥才曾说：信赖，往往能创造出美好的境界！青少年专家陈默说：青春期，请实实在在相信他！

水壶，给了我们神力

信赖，确实能创造出美好的境界。自从这个老旧的电热水壶来到教室后，班级氛围更加和谐了。小柯同学在随笔里说：我也说不出老师和同学到底有什么好，可就是看着无比的舒服。更神奇的是，同学们的学业测试水平逐渐提高，也渐渐在学校里开始引起了关注。

很快，寒冬来袭。先是数学老师突然住院，动了手术。同事们轮流代课，课代表负责作业分析，整整一个月，有条不紊。没想到，社会老师也生病住院，需要动手术。社会课代表每天把答案做成课件，讲给同学们听，甚至在我和社会老师不知情的情况下，每天照旧把作业搬到办公室，然后坐在那里，小老师一般地改好、发回。当后来社会组的同事告诉我时，我真的感动到泪目。也是在这一个月里，英语老师的祖父去世、一位科学老师的父亲生大病，另一位科学老师自己也差点住院。

教师屡屡缺席，班级出现危机，连校领导也为我们深深地担心，每次巡视到我们教室，都拿担忧和鼓励的目光看我。危机，其实也是机遇；考验，让孩子们激发了昂扬的斗志。也幸亏有了因水壶聚集起来的班级向心力，大家互相鼓励，同舟共济。那段时期，仿佛真有一种神奇的力量从孩子们的心底茁壮生长：爱自己，爱班级，爱学习。孩子们表态了：读书是我们自己的事，老师你就不用操心了！你只要保重身体，你只要能陪着我们，我们就有信心和力量！

那个冬天的期末，孩子们竟然考出了总平均分全校第二的好成绩。大家兴奋的笑脸，就是开在校园里的最美丽的玫瑰花。

但我们的功臣水壶毕竟垂垂老矣，常会出些故障。而坐第一桌的袆辉同学，每次都能神奇地把它修好。祎辉的作业经常马虎偷懒，但对于水壶，却特别上心。说真的，每个孩子的内心其实都住着天使，只要我们去发现他、鼓励他，天使都会扇着翅膀降临，让我们能够看见这个孩子的美好。

这整整一个冬天的温暖啊，都装进了这个神奇的水壶，葳蕤了每一个孩子的心田。

很多时候，我们都会忘记了教育，而教育，就这么悄悄地、神奇地发生了。

2019 年 6 月 30 日

38 小柯的手机

教室里有一台被学生保管允许自由使用的手机，真的是很神奇的事。

1

让小柯带手机进教室，是我的主意。

那是九年级下学期那个春天，因为上学期入冬时就有神奇的水壶陪伴，班级的气氛非常温暖。好多时候，我坐讲台上看他们自习，想着他们几个月后将要离开我，离开这个教室，离开我们的学校，心中就有很多的不舍。也常因不舍而泪花闪烁，趁他们不备悄悄拂去。

有天，改随笔时，发现小柯同学的这句话：我也说不出老师和同学到底好在哪里，可就是看着无比的舒服。

我被小柯的话打动。确实，相处快三年了，彼此已经很和谐，日常的学习生活没什么激动人心、大快人心的事儿，就只是让人舒服的小细碎、小确幸、小欢喜。何不，让小柯同学带着手机记录下来？日后，也是最好的青春记忆啊。

征求小柯的意见，小姑娘的眼里顿时闪出了光芒，点了点头。这是个有主意的女孩，文笔不错，PPT 也做得好，性格沉静温婉，手机在她手上，我是放心的。

跟孩子们商量，大伙儿也都开心，一个个笑眯眯的。这帮以蓝色、绿色性格为主的孩子，激发起上进的动力后，最让人放心了，甚至连小柯的手机需要哪些限制都不用讨论。我只是说，小柯全权负责，想什么时间、什么地点、怎么拍，全都可以自己做主。当然，这是一部只用来拍摄的手机，在教室里不可以使用其他功能，谁都不可以。

大伙儿都同意了。

鼓励他看见自己的努力，看见自己的美好，他就不会轻易忘却往好的方向成长。

2

第二天，小柯的手机就来到了教室。

一切都如同平常，似乎真的也没有什么理由让学习生活因为一部手机而改变。我们已经进入到紧张的总复习阶段了，模拟考、分析会、上课、写作业、订正、锻炼，都在熟悉的轨道上步步推进。无暇他顾，也没什么值得去他顾的。

可是，某一刻，当我板书完毕，转过身来，突然发现几个孩子掩着嘴偷笑，可他们记板书的笔还是没有停下，我推测，那是被"偷拍"了；某一刻，当几个孩子正聚在一起热烈讨论时，响声突然停止了，我推测，那是被"偷拍"了；某一刻，长跑正进行到艰难的时刻，突然步伐更有力了，我推测，那是被"偷拍"了。

不胜枚举。就像是拍摄一部纪录片，小柯的镜头时时"出击"，记录了那一年的暮春，孩子们的青春，孩子们的奋斗。

体育加试前的那个周末，小柯给我发了短信，让我接收一下邮箱的信件。这孩子，又会给我什么惊喜呢?

还真是大惊喜：小柯已经把拍摄的"素材"剪辑成了一个四分钟的小视频。我不断地回放画面，感动不已：上课认真聆听的画面、自习专注解题的画面、课间激烈讨论的画面、跑道上拼尽全力的画面、老师生动讲解的画面，一张张，一幕幕，全是平常，放在一起，又尽是感动。

小柯匠心独具，还配上了当时流行的励志歌曲《我相信》。听着看着，不知不觉，我的眼泪就出来了。

这正是最好的班歌!

3

周一下午的辅导课，我没有如平常那般讲作业。

我告诉他们，在毕业前的最后一个多月，终于有了我们班自己的专属班歌，这节课，我们就来学班歌。

孩子们一下子就兴奋了。当视频打开，熟悉而又意外的画面出来，孩子们专注得舍不得错过一秒钟。紧接着，演唱者熟悉的歌声开唱了：想飞上天，和太阳肩并肩，世界等着我去改变……第一遍，孩子们没唱，惊诧在他们自己是主角的画面里。第二遍，他们就开始唱了，投入而忘情。

这周的前三天，我们每天唱两遍。周三的班会课，我做了惯常的一个人的讲演。这回的主题是：明天，班歌送我们出征。因为周四，就是我们体育加试的日子。

长跑测试候场的时候，第三组的男生出了状况，体育老师随机将这组我们原定的领跑人分在了第二组。第三组男生长跑的实力相对较弱，这组跑得最快的凯同学，对时间的感觉不够敏锐，不太适合当领跑人。

我看孩子们有些紧张，就把眼光落在了慧的脸上。慧是刚刚能跑进满分的，但他沉稳镇定，肯定可以做领跑人。然而，慧在犹豫。“慧，就是你了。我相信你，相信你们这一组！”此刻，我们的班歌“我相信”这三个字，真的产生了神力，男孩们不焦虑了。我趁机补了一句：“如果你们 12 个人中有 10 个跑到满分，晚上我在校门口牛排馆为你们庆贺。我相信你们，加油！”

那天晚上享用牛排的时候，男孩子们的话可真多啊，不断地唠叨着他们自己创造的奇迹。

体育加试结束的第二天，小柯跟我说，她没带手机了，以后也不用再带到教室了，她的素材已经收录完毕。小柯还说，她有信心面对未来了，现在充满了力量。

这些，都不曾在我的预料中。

当初让小柯带手机来，也纯粹是为了记录。若等中考结束再想着拍毕业纪念册，没有学习和生活内容的拍摄，是没有灵魂的。没想到的是，一个手机，竟然完成了孩子们初中最后阶段最好的励志教育。

长成自己最想要的样子，本来就是我们每一个人原始的内在需求。当我们创造机会，让他们把关注点放在自己身上，鼓励他们看见自己的努力，看见自己的美好，他们就不会轻易丢掉往好的方向成长的内在动机。每一次的“咔嚓”声，都让他们看见了自己和伙伴们的默默努力。被小柯看见，继而被老师和同学在班歌的学唱中一次次看见，孩子们对自己更是充满信心。

教育，真的是自然发生的事儿，就像春风从没想过它要催动花事。

2020 年 5 月 28 日

39 校园养“牛”记

在校园里被称为“牛”孩子的，大多是成绩牛，也有小部分是脾气牛。现在亲切地喊我“姐姐”的铭涛同学，当初让我领教的是他的“牛脾气”。

1

初一刚开学的第一周，初上中学的小娃还都比较拘谨，然而，我们的铭涛老弟就已经让我见识了什么叫“不一般的少年”。

那是一节平常的语文课，然而，上课五分钟后，铭涛才气鼓鼓地从教室后门进来，没有喊报告，也没有一丝愧疚之意，他的样子，仿佛此刻进的就是自己家的客厅。我不想因此事影响课堂进程，就什么也没说。铭涛“目中无人”地想要进入自己的位置，然而同桌小晋并不配合。他们两个都很壮实，教室的位置很窄，若不配合，根本挤不进去。还来不及等我示意小晋，铭涛已经挥出了他的拳头，小晋虽说言语木讷了一点，动作可一点儿也不缓，两个人竟然就在我们的课堂、我这位班主任的眼皮底下打起来了。你来我往，拳拳出蛮力。如果我此刻大力地呵斥制止，铭涛的“战火”可能会更加猛烈。我是教室里唯一的成年人，必须冷静。

所幸，我从讲台下来时，他俩业已结束“战火”，真是来得快，去得也快。他俩在座位上正襟危坐，无事人一般，我问铭涛，现在可以继续上课了吗？不料铭涛一本正经地答道，可以了，老师。在同学们的目瞪口呆中，我继续着课堂教学，没有批评与教育。

课后经过了解，原来铭涛在前一节实验课的时候，与小晋同组，不慎打碎了一根试管。科学老师批评他俩，小晋嘴慢，来不及回答，铭涛急着申辩，被科学老师喊到办公室“谈心”，刚才迟到就是因为这个。同时打碎了试管，“谈心”的却只是自己，铭涛可就不乐意了，加上进座位时小晋的不配合，于

一个真实、真诚的人，如果完成了“信念系统”的升级，他的言行修养肯定也会升级。

是就上演了课堂上的“惊心一幕”。

2

那天下午，我找铭涛聊这件事，他的态度非常诚恳，他知道自己在课堂上发飙是很没修养的事，为此，他说愿意真诚向大家道歉。我问他，若以后再遇到心中有烈火时怎么办，没想到他脸一歪，直愣愣地看着我说，我从小到大就是火暴脾气，这是江山易改本性难移，改不了的。

这牛孩子，看来得好好帮他改变观念并养养性子了。

先找闪光点。铭涛不讲假话，是一个真实、真诚的人，只要他的信念转变了，就像电脑的主机升级换代了功能会提高一样，他的言行修养肯定也会变化；铭涛力气大，是拖地、做值日的一把好手；铭涛声音洪亮，音色好听，是朗诵的好苗子；铭涛身板挺直，站如松，坐如钟，让人觉得有一身正气；铭涛数学也学得不错。有了这些“优点”打底，“养牛”的底气就足了，也能够心平气和地“散养”了。

先让他当了周五的值日组长。每周五大扫除要拖地，任务重，加上同学们归心似箭，他参加的班级篮球队也已在龙腾虎跃，但铭涛都不计较，直到全部清理完毕才飞奔球场。后来让他在校文艺会演的时候出演男一号，演英雄岳飞，铭涛在领诵的时候，声震楼宇，很有气势。

就这样，铭涛找到了自己的最佳状态，“野牛”的心慢慢静了下来，初一下学期再无“惊悚剧”上演。

3

再次“事发”已是初二上学期某个周一晨读。铭涛上个周五看同伴们早就去打球了，一时没控制住，没尽到值日组长的职责。被我询问，他就又“爆炸”了。

借此机会，我在那周给全班同学上了《智取芭蕉扇》一课，这是我在学习情商管理后设计的一节愤怒情绪管理课。同学们在课堂上分享了最近让自己愤怒的事情，愤怒时自己的身体反应。我们还分别给愤怒和平静找了形象之物，愤怒之物就是喷着烈火的野犀牛，平静之物是月光下静谧的湖水，在轻柔的音乐中，我引导孩子们进入冥想，从野犀牛过渡到对一泓湖水的想象。后来，我们还探讨了愤怒情绪的危害和积极意义，还有一旦意识到愤怒之火即将爆发时，该如何进行自我暗示，如何把发火的过程延后 30 秒，再如何化解怒火。

课后，我再跟铭涛单独交流心得，他抿着嘴唇，点了点头，告诉我他知道该怎么做了。

初二校运会时，德育主任让我推荐一个同学代表全校运动员宣誓，我推荐了铭涛，看得出他很兴奋。初三校运会时，代表运动员庄严宣誓的依然还是他。

只是值日组长一职，自从那天他“渎职”被班委会罢免后，我再也没有提议让他重新担任过。因为我希望孩子明白，一个人，应该为自己的行为“买单”。就像有人说的，过错就如木板上钉子的痕迹，即使钉子已被拔掉，但痕迹永远都在的。

经历了这些事件，再加上交了好脾气的朋友小左，“野牛”的性子慢慢平和了。最后一次闹情绪是在初二下学期上语文课时，也是为一些莫名的芝麻小事而急。当时提醒他勿急，他还大着嗓子说自己没急，同学们都笑了。我说你照照镜子就知道了，他还真的掏出镜子仔细照了，估计是镜中翻着白眼气鼓鼓的样子确实蛮好笑的，他一下子就笑了，气也消了。

这之后，直到毕业，铭涛再也没有发过“牛脾气”。

“野牛”温和了，最开心的，自然是孩子自己。每天的学习和运动，总好像有使不完的劲。他的家人也特别开心，并且觉得特别幸运。毕业后的那年暑假，孩子还常来我家，一起探讨新的学校、新的憧憬、新的语文学习方法。

后来他的高考成绩出来了，远超本科一批分数线，他完成了“脾气牛娃”到“学业牛娃”的华丽转身。

“养牛”的过程提醒我们，每一个孩子，都是有脾气的。我们做教育的，必须先了解孩子的脾气，再去接纳这些脾气，即使有些脾气让我们难以接受，但也必须以我们教育者的胸怀去接纳它。谁叫我们是“为师”的呢？然后，我们再针对这些脾气，因材施教。孔老先生提倡的这四字教育箴言，真正实施，需要教育者的胸襟和专业的素养。

这一生，谁都不知道我们会遇见怎样的不同禀赋的孩子。教育，真的是一场修行。

2018 年 9 月 12 日

40 疫情时期，我们学学烧饭吧

1

因为新冠肺炎疫情在家宅了十多天的女儿，向我提出抗议了。

读高一的女儿，算是典型的新新人类，关于宅，或者是大门不出的深宅，她是没有异议的，哪怕再宅一个月，她也会安之若素。她抗议的是吃不到她心目中的美食：奶茶、烤肉、面包、牛肉面、三明治、抹茶蛋糕……连续十多天，接受她爹掌勺的地方特色浓郁的简餐连轴转：汤糕、番薯粽、面条；面条、汤糕、番薯粽；番薯粽、汤糕、面条……她的味蕾，已经是深度不满足了。

于是，就不厌其烦地在书房门口堵我，以夸张的造型，请求的语言：救救孩子。每天，在我面前摆这造型 N 次，浮夸而又惨兮兮，看得我大笑，又惹得我怜惜。

我呢，陷在苦恼中。先是市里后是学校，让我们设计网课。我正在琢磨用什么样的形式、内容，既能吸引孩子在缺少监督的情形下安心于授课内容，又要考虑课的实际效果。所以，无暇理她。

幸而好友 tt 知道我们厨艺不精，久宅必寡淡，前天，她特别为我们烤了一个超级蛋糕，开车送到小区门口，我们隔着铁栅栏，戴着口罩完成了交接仪式。

一家三口大快朵颐，我们意外地发现蛋糕竟然是人间美味。本想再央求她做一个，然而，市里的第 10 号、第 11 号通知相继下发，我们只能凭通行证，每两天、每个家庭可以派一个成员外出购物，并限制车辆出行。

非常时期，只能自己动手了。我们决定，开发新食谱，宠宠味蕾，反正我们有大把的时间。

教育，为了孩子将来的好生活，
更应该为了他此刻的好生活。

2

全家商量，把想吃的全写出来，再把相应的食材做了细分，列出清单。

在小区门口，凭身份证，在一大沓居民住房信息表中找到我们家的，我签了字，领了“临时通行证”。还好，超市正常营业，货品充足。测体温，进超市，顺利购得两大袋食材。回到家，女儿欢喜雀跃，蠢蠢欲动。首做的奶茶成功，她陶醉的样子，真像个表情包。

接着想做的是心心念念的烤肉。她拿着教程让我尝试，我怕烧不成功被她吐槽，干脆让她自己全程负责，我打下手。我买的是五花肉，可是，我的16岁的大姑娘，面对着它，就像对付外星敌人，根本无从下手！她甚至连该用哪把刀切肉都无从选择。

一阵愧意涌上心头。作为人母、人师，我们给予孩子的教育，缺失了多么大的一块啊！这一代的孩子，从小接受的最能落到实处的德育就是安全教育。刚学会说话，我们就教他如何不被坏人拐跑；上幼儿园，学会了游泳；上学后，每学期学校都有消防演练，还有做了很多遍的安全知识竞赛题，写了很多回的安全征文。我带她去地震馆体验过不同级别的地震反应，练习地震逃生技巧，我甚至还带她去杭州学习规范的“心肺复苏”按压和人工呼吸技能，这些都发生在她的小学时代。

接受了“完善”安全教育的女儿，现在，却连一把刀都不会使！切肉就不提了，我何曾要求她削过苹果、削过甘蔗？小的时候，觉得小孩子动刀不安全。长大了，孩子忙于学业，每天都有写不完的习题，还有“高雅”的兴趣爱好，我们都忘了家常的“生活技能”也是需要练习的。

3

年前，校长组织我们讨论学校的三年发展规划，学校定下的核心德育目标是“成全每一个生命的美好”。我们充分讨论，反复论证，搭起了一个看起来“完美”的框架：一个目标、两条主线、三大基石、四个模块、五所学校、六条途径、多元评价。可是，如果一个学生初中毕业了，还不会削苹果，这个生命的美好，我们算不算成全了呢？

平时我们总是下决心“要为孩子未来的幸福奠基”，可我们心中，却几乎把考出好成绩作为唯一的奠基目标。我们的课程设计看上去那么美好，可实施的时候，又有多少课程长期被“主课”霸占？我们的孩子解的习题难度一天天加大，但他们却一天天地疏离了实际的生活技能。教育，不只是为了孩子将来的好生活，也应该为了他此刻的好生活。只有今天会生活了，热爱生活了，孩子的明天才能真正美好。

因为新冠肺炎疫情，这段时间我们都被迫深宅，刚好有时间补上这一课。

可长假尚未结束，我们想的都是什么？除了上课、作业，就是备课、改作业。朋友圈里更是铺天盖地的各种网课信息。网课，是要上，但内容，要切合实际。

改变，就从自己开始、此刻开始。我敲下了“多出来的假期”第一周语文实践活动任务单：

1. 推荐家里一位长辈下载美食教程 App，并教会他使用。把你的言行记录下来，200 字左右。（2/10）

2. 班级作业微信群即时讨论：为了一餐饭，花费大量的时间买菜、洗菜、烧菜、洗碗，值不值？（2/11）

3. 辩论稿：外卖，要不要说 NO？申明你的观点，用 500 字左右的文字阐述。（2/12）

4. 速读《汪曾祺谈吃》《随园食单》（袁枚）电子版，根据你家现有的库存，再细读相关章节，设计并制作书中的四道菜（每本各二），记录流程，并呈美图。（2/13）

5. 设计“我们班的网络美食大赛”可行性方案。（2/14）

6. 大作文：厨房，我的新天地。700—800 字。（2/15）

【以上作业均上交在班级作业微信群，老师当天反馈】

敲完这些，我如释重负。

2020 年 2 月 9 日

41 “网课小白”历险记

“小白”的自白

说来惭愧，本人教龄“奔三”，至今尚未“脱白”，仍是资深网络技术“小白”一枚。因为“白”的级别比较高，每临技术革新，总是“心虚”。加上近来迫于深宅，兼全家同“白”，无硕师高手亲授技艺，故设计第一周网课的时候，避技术和设备的“短”，扬宅家生活之“长”。

第一周语文实践活动任务单：

1. 推荐家里一位长辈下载美食教程 App，并教会他使用。把你的言行记录下来，200 字左右。（2/10）

2. 班级作业微信群即时讨论：为了一餐饭，花费大量的时间买菜、洗菜、烧菜、洗碗，值不值？（2/11）

3. 辩论稿：外卖，要不要说 NO？申明你的观点，用 500 字左右的文字阐述。（2/12）

4. 速读《汪曾祺谈吃》《随园食单》（袁枚）电子版，根据你家现有的库存，再细读相关章节，设计并制作书中的四道菜（每本各二），记录流程，并呈美图。（2/13）

5. 设计“我们班的网络美食大赛”可行性方案。（2/14）

6. 大作文：厨房，我的新天地。700—800 字。（2/15）

【以上作业均上交在班级作业微信群，老师当天反馈】

美其名曰：生活化德育，生活即语文。

“小白”的心情：作业发布后，没怎么听到反对的声音，加上有学生、家长和同行的肯定，心中稍为镇定。然网上同行们正如火如荼地试验直播，我对自己的土味操作还是有些忐忑。

不但传好道，还要守好道，引导孩子学会分辨是非，呵护“人间正道”。

“小白”的网课日记

【2/10】“加油老妈，奥利给！”

今天是预热，让孩子们做小师傅，教家长下载美食教程 App，以 200 字记录言行。这种任务型小作文，曾在考卷中出现过很多回，问题应该不大。没想到，预定的开课时间一到，群里问题一堆，个个奇葩：

我妈早就能熟练操作美食教程了，怎么办?【换一个人来教，立马】

我奶奶的老人机不是智能的，怎么下载啊?【用你的】

我爸爸说认真读书就行，学什么烧菜?【天赐良机啊，说服他】

我妈妈说，是不是我嫌弃她的厨艺了?【看你的沟通本事啦！】

大家都在群里抢着给出了各种“凉拌”建议，他们手速快，可以一边聊着天，一边答题。马上，在我们的作业微信群里，有人的小作文上交了。娃是各有各的不同，“妈”也各有各的天性，“因材施教”到哪儿都是真理。“小神兽”化身“小师傅”，个个显神通。

待看到黄小羽的“神功”，忍不住笑出声来：

（我看着对朋友圈的美食图片痴心妄想的妈妈。）“老妈，你要不就下一个美食教程软件吧? 反正你在朋友圈看也只能看着，你看，这个 App 就很好。”我这样提议。

“我下了软件也不会做啊，也只能幻想幻想了！”作为三四十年没下过厨房的“资深小白”——我妈，她非常没有自信。

“不，我亲爱的妈妈，”此时的我正发着“圣母”的光辉，“这个软件会专门为你提供最适合你的菜式，会根据你的个人爱好呼唤你内心真实想品尝的佳肴。首页的‘推荐’里会给你推荐一些你爱吃的家常菜，并且在‘发现’里，还有专为你想做养生“狂魔”准备的‘瘦身’专栏，怎么样，是不是超级贴心，有没有接受我的安利?

看在瘦身的面子上就赶紧给下载一个吧（虽然你不能再瘦了）！并且，你也可以关注一些你喜欢的厨友哦！就算你只是一个‘小白’，也可以通过与大家的交流与互相学习，‘小白’成功逆袭，完成‘洗白’！加油老妈，奥利给！”

此文一出，群里各种生动详细、绘声绘色的作业就泡泡一般冒了出来，他们估计是想趁机娱乐了，可不能让他们跑偏。我马上做了修改提示，同样的生活事件，在不同的文体中，我们是要用不同的方式呈现的。这类小作文，要求是条理清楚、表达得体。此处的得体，是指礼貌、清晰、准确。

孩子们很快就在群里修改了，对他们来说，这些都是分分钟可以搞定的事。意外的喜悦是，所有同学的作业都上交了，且个个合格！说实话，这是这一年来的第一次。

如果说，每一天的语文学习就像一道菜，那么：

※ 今日菜式：餐前小甜点

※ 小白情绪：平静—窃喜

【2/11】“早就打好了，等你们发，我憋死了。”

今天，是两个群同时展开讨论的，有些担心自己手速慢，能不能跟得上，也担心孩子们肯不肯积极发言。

7：30 起来的时候，发现女儿已经在餐桌前学网课了。他们学校平时就经常布置网络作业的，所以女儿这几天的网课学习得心应手，比去学校更开心。

看她这么自觉，想做点好吃的犒劳一下她。选择了煎鸡蛋芝士吐司，再配一杯豆浆。而我自己将就吃了点，即便如此，待匆匆吃完，也到约定的 9：15 的上课时间了。马上进群里打招呼，没想到为师我还没来，两个群早就开课了，讨论已经很热闹了。

我不断地在两个群之间“串门”，“爬楼”浏览，还想着作“重要指示”，往往这边的字刚打出，他们的话题已溜出去一大截。

前十分钟，大家都纠结在“买菜、洗菜、烧饭”各家用的时间，他们想用时间的长短来做基础，判断亲力亲为做美食是不是划算。大部分孩子都觉得三步骤共需一小时，我忍不住发话了：我 7：30 开始，不买菜不洗菜，现在还系着围裙来不及洗碗呢。展峰同学马上评论：老师你太不熟练了！

我以为，我自爆“丑样”，他们至少得围观笑几声的，我可以趁机“吸睛”说几句重要的。没想到，我的“围裙老师”的样子马上就淹没在不断喷涌的新话题中，无处可刷我的存在感。

看两个微信群的我基本上只能气喘吁吁地追着“楼梯”跑，感觉分分钟都能要人命。中途，他们的话题不断有跑偏，我正欲纠偏，尚未敲好字，同学纠偏的提示就已领先；有出现人身攻击，刚想提示，孩子们吹哨的声音又是提前一秒。我的老眼已经冒出“萝卜花”，深刻地体会到了那些“十八线主播”老师们的鸡飞狗跳。

深吸一口气，晃到窗前看看香樟。绿色，安抚了我的急躁，干脆给自己放了十分钟的假，就让他们自嗨吧。定好心神，回去“爬楼”，发现孩子们讨论秩序井然，没有我，地球还是会转的。看看离下课只有十分钟了，我用语音提示他们结束讨论，整理思路，最后每人用 100 字总结自己的观点。

待我泡好普洱茶，慢悠悠地来“收货”，真心被感动到了。我们的小杰同学，上一学期有些抗拒学习，作业也快半个学期不肯交了，这回竟然是如此迫不及待地要参与讨论，还在群里戏说：“我早就打好字了，等你们发，我憋死了。”

孩子们的积极性如海宁大潮，看得我也激情满满。

面对突如其来的网课，很多老师摸着石头，小心谨慎地过着河，“小白”我攥着土块不敢过河，抬头却看到孩子们亮成了满天星斗！

※ 今日菜式：东北乱炖

※ 小白情绪：慌乱—惊喜

【2/12】

今天可以很从容，因为是辩论稿，每人交一次，我可以悠着点看。遂以“老大爷”的姿态，没做任何准备。没想到，时间搞错，发布的字数也搞错。开课伊始，即以红包谢罪。

还好，接下来的时间，孩子们陆续交上了稿子。基本上都观点分明，论证有力。我知道，面对外卖，他们有太多话想说了，平时家中长辈和舆论反对的声音很大，但大多孩子对外卖的快捷和丰富深有体会。

意外的是，对外卖说“NO”的声音更多。

观点有碰撞，我们的辩论才有意义。学会思考，学会选择，学会发出自己的声音，正是我们在此次新冠肺炎疫情中，也是在生活中、在语文活动中，通过这样一次次的练习，习得的能力。

这边的辩论尚未结束，已交稿的雨乐同学就迫不及待地问：“书呢？书呢？”我还一头雾水，敏捷的愉博同学已把明天要用的《汪曾祺谈吃》和《随园食单》的电子稿发到了群里。愉博一家，早就全家总动员，昨天就已经按汪老所示做成了绝味“东坡肉”，晒在朋友圈了。

我开始对明天充满期待。

※ 今日菜式：百家宴

※ 小白情绪：惭愧—开心—期待

“小白”的思考

三天的网课下来，几乎全民在吐槽，全网一片焦味。

“师者，传道受业解惑也。”韩愈给教师下的定义，历经一千多年，依然经得起考验。全民网课时代，仅仅开课三天，“小白”反思自己的角色，觉得该添点新味了。

传道——不但传道，还要守道。以往的日子慢悠悠，传播途径单一，“道”是靠一代代人师薪火相传的。网络时代，唯一的声音变成了各种声音纷至沓来，如何把“道”传好？教师的“传道”，不意味着消失了，而是显得更加重要了。我们要比以往更懂学生的心理，不但传好道，还要守好道，引导孩子学会分辨是非，呵护“人间正道”。

授业——不但授业，还要引业。现在，不只是学校老师在授业，良莠不齐的培训机构，免费的、付费的网络资源，铺天盖地的资讯，全都可以是学习资源。专家、名师、主播，都可以是授业人。网上到处都是“卖鱼人”和“卖渔人”，我们既要自己卖“好鱼”和“好渔”，还要引导他们学会甄别他人的“鱼”和“渔”。

解惑——不但解惑，还要激惑。以前，“援疑质理”还得看老师的心情；现在，老师早就丧失了解惑的“官方授权”，只要一部手机在手，搜题软件随处有。但，教师不是不用解惑了，而是惑的难度在升级，教师的解惑能力更要提升。既解学业之惑，又解心理之惑。要解惑，更要激惑，激发学生在漫天资讯面前懂得存疑。

“焦味”的全民网课过后，人工智能时代的教育新颜，肯定会对教师的专业化提出更高的要求。

“小白”的梦想

“小白”的梦想很简单。

敲完这行字，我想对着两个前年建的微信作业群吼一声：娃啊，快来助我成功逆袭，完成“洗白”！

2020年2月13日

42 我们的花儿在云端

网课进行到第四周，网线早就不卡了，“小白”也渐渐脱“白”，“外焦”却变成了“内焦”。

我们的花儿在云端

昨晚上 10 点整，我临睡前翻翻朋友圈，看到好友在倒苦水：

> 吐个槽，下午 3 点语文下课后开始：十几个学生课堂任务催催催，终于收齐了！很不好意思地请家长撕答案保管勾勾勾，终于勾完了！想让那几个家伙魂集来（温岭方言，指集中注意力），电话打打打，终于也打不出名堂来！接着后院着火，自家的家伙也敷衍作业骂骂骂，终于喉咙也哑了，腰也断了，头也炸了！此刻，开始看图改作业，0 点能睡觉吗？来，下个赌注。

早上打开手机，看见大学同学群里在传没标注作者的文言新文《南无阿弥陀佛赋》，摘录片段：

> 为师一端，只见头像闪动，不见诸生全神贯注。但见学子到位人数，不知远方几人在听。情深深，竭尽苦口婆心之能事；意切切，腾挪振聋发聩之爱心。哪知学子甲如野马，脱缰而去；学子乙如风筝，断线飘摇。父母管不住，自己不由心。恋恋告别被窝，纽扣上下错位，洗漱已无时间，听课迷蒙蛮荒。嗑瓜子声声香脆，喝牛奶吱吱有声。为所欲为水帘洞，自由自在花果山——吾乃齐天之大圣，玉皇大帝奈我何……现代技术，修行全靠自身；吾等无奈，只念阿弥陀佛。

类似的焦虑很多。

都说教师是园丁。以前，我们的花花草草是在固定的位置，每到上学日，

花儿生长的力量在于自身，园丁要鼓励花儿完成“花朵自浇”系统。

花儿草儿都自动归位，乖乖等待园丁“雨露均沾”。有经验的园丁会在浇水、施肥前先研究花儿草儿的个性，再观察花儿草儿的状态。叶片单薄、稀小、枝叶羸弱的，看着就是明显缺肥缺水的，老师会格外关注，了解缺肥原因，对症施肥浇水；生机盎然的花儿草儿，肥力、水力正好，按个性正常运作就可以。

现在，我们的花儿在云端，是神兽、是大圣，园丁难见其首也难见其尾。哪怕你催催催，他若施了神术，添了“美颜”功能，园丁看不见“素颜”，如何“望闻问切”？如何精准浇水？再说，他若执意匿在云端逍遥自在，你的传统“浇水宝典”又能奈他何？

有火速升级版本的，开启“智能水肥一体”系统，借助科技强大的功能，点到、抽查、不定时点名发言，还有各种数据采集。这回，花儿不敢乱跑了，但该系统是“五指山”，虽说神兽们自此难以逃逸，思绪还依然会在“缥缈峰”飘荡。

空中有朵雨做的云

我在青岛“种子杯”班主任大赛中认识的滕子老师，是武汉经济开发区的一位优秀的初三班主任。早在正月初五，我开始着手设计网课作业单的时候，身处新冠疫情最严重的地方的她，就开始周密设计、轮动推进浇水精华版了。摘录网课第一月她在朋友圈发的内容：

1月30日：撰文《面对灾难，我们该明白什么？——写给我的孩子们》：孩子，请把善良作为一生的底色；孩子，努力成为能“逆行”的勇者；孩子，永远做一个热爱生命的人。

【武汉已经通知开学延迟，滕子老师坚定地跟孩子说，学习肯定不会延期。】

2月1日：撰文发布《凯旋九（11）班线上课程进行要求》：线上教学不得轻视，学习环境不得敷衍，规范作息不得随意，开课准备不可小视，组长管理务必到位，家校合力缺一不可，认真对待方可圆梦。

【“凯旋班”是他们的班名，课程要求清晰、果断、高效。】

2月2日：截屏记录开学第一课，政治老师为孩子们讲这场疫情，难掩悲痛和感动，老师不禁哽咽。

【开学较早，直面疫情，讲述当下，教师即课程。】

撰文发布《凯旋九（11）班网络课堂规范》。

【商定规矩，有规可循。】

2月3日：“佳篇佳音”第一次线上分享。

【晒优秀作业，鼓励孩子。】

2月5日：撰文《非常时期　非常合伙——网络课堂的探索》。

【记录探索中的思考。】

2月9日：撰文《我们在一起》。

【体育班长发起每日体育锻炼的倡议。】

2月11日：晒班级群里值日干部各司其职的截屏。

【有裂缝的地方就有光亮。】

2月13日：撰文《孩子，要相信善良是真的》，文中与孩子们分享《两地书》，以及疫情时期90后最美逆行者骑行女孩甘如意的故事。

【坚持线上“每日分享”活动。】

2月17日：晒同学陆续交作业的截屏，附文字：期待属于我们的同频共振。

【尊重孩子，只写了心愿，没曝光未交作业的名单。】

2月18日：晒孩子们的《我的日省》。

【以日省方式，让孩子们自己学会反省，及时调整。】

与上海一班级互加好友，两班结为友好班级。

【不同地域，同样的年龄，未曾谋面，传递情谊。】

2 月 19 日：撰文《线上课堂　同行在线》（要点：活动在线，润物无声；引导在线，同频共振；交流在线，和谐同行）。

【总结线上教学经验，把困难当挑战，把不可能变成可能。】

2 月 22 日：撰文《在春天里等待春天》。

【激发孩子对大自然美好生命的向往。】

2 月 23 日：发布语音书信《写给凯旋九（11）班的家长和孩子们》。

【用声音架起家校沟通的桥梁。】

2 月 28 日：撰文《从“线上发声”到“在线发生”》。

【让真正的影响与悟得发生在青春少年的心里。】

说到底，花儿生长的力量在于自身。滕子老师用心感知，周密设计（短短一月，仅书信就有十封），激励孩子们完成了各自的“花朵自浇”系统。

你看，空中有朵雨做的云。

天边飘过故乡的云

云端上的花儿，都是“数字原住民”。曾经“鸡飞狗跳”的“十八线主播”，现在驾轻就熟了，但在“原住民”那里，其实还是“白”。

像我，就是。前一周响应《南方周末》的召唤，我们学校布置了“宅书三行”的作业，我要求他们配上精美的图片。依同学的三行是“久违地开了窗，今夜月色致媚，予死而无憾”，我提醒她末尾一句与前文不搭，好好地写月色，“死而无憾”就突兀了。依有些尴尬地解释，这几句话里包含了一个“梗”，和夏目漱石有关。这么一说，我想起确实曾读过这出处的，但有些模糊了。杰同学也在作业群里告知了我大意，我搜索了一下，已经清楚这个故事了，但还是忍不住又“使坏”：我让杰把这个“梗”用自己的语言整理一下，再告诉我。告知之后，我问出了一个“白问题”：“梗”和“典”好像是有相近之处的，使用“典”叫“用典”，那使用“梗”，前面该加什么动词呢？还有，

“典”和“梗”的区别到底在哪里？“杰老师”自然又是一番忙碌。

看到涵同学的作业，不禁又私聊她：你的图，总是那么美，是从哪个图库选的呀？结果，那个周末的晚上，从6点到10点，“涵老师”一直在教我如何使用“时光手帐”记录日常琐碎，把我们班前一周的对联作业也全部配上图，我们讨论、修改，做成了可自由翻页的“时光手帐”，美轮美奂。

周末，我答应“生命教育网”的曹专秘书长，要一起参加首届全国名班主任工作室公益云论坛：今年植树节，我们一起种棵生命树。一想起我在云端上的“花儿老师”，我就特别有底气。本周的周末作业就是写云论坛同题演讲稿，明天就是我们的云演讲，将邀请居家的家庭成员一起来听，点评也由“花儿老师”进行。

美国学者埃德加·戴尔在“学习金字塔”理论中指出，不同的学习方法达到不同的学习效果，而两周之后学生对知识的保持率最高的方法就是教授给别人。当我宅家上网课，看看窗外高空上的流云，一朵朵都是来自故乡——我们一起的校园，心里就安然宁静了。

此刻，窗外飘着细雨。加缪说，每个冬天的句号，都是春暖花开。经历了“外焦”和“内焦”之后，虽说江南的早春还是料峭，但春天已经来了呀，海棠正在雨里静默着。

2020年3月12日

43 少年的重阳

给少年们设计“重阳·重逢”系列活动，纯属意外。

1

意外的源头是永远17岁的“老少年”陈荣新先生。

78岁高龄的老先生这几天成了网红，人民网、新华网、中国新闻网、香港新闻网等十多家媒体相继报道了他们夫妇俩，因为消失半个世纪的重阳糕旗在他们的刀剪之下重现江湖。

心中不由一动。陈老先生是我的忘年交，每到教授“走进民俗文化”单元时，我总会邀请老先生来给孩子们展示温岭海洋剪纸；作为非遗传承人，老先生也接受过孩子们的采访；为了给贵州羊场乡中学的结对班级送去我们的热情，老先生剪出了“千里走亲”和“风从海上来”剪纸；为了让孩子们感受自然的变化，老先生费时半年，创作了具有浓郁温岭特色的“二十四节气”整套剪纸。

恰好这两天正是学校运动会，我们有时间；步行去老先生家，也只需十分钟。跟孩子们一说，欣然起行！

且不说一路若脱笼之鹄般欢快，且不说参观老先生家挂满四壁的书画作品时的震惊，且不说零距离接触制作重阳糕旗全流程的蠢蠢欲动，单是孩子们面对两位民间老艺术家时的礼仪，就足以让我欣慰。

在路上，孩子们就开始讨论怎么称呼老先生夫妇，他们决定用敬辞：陈先生、陈太太，我笑着说不必太正式。听课和参观时，少年们表现出来的彬彬有礼和节制更是让我刮目相看。不知是挂满了书画剪纸作品的墙壁，还是认真严谨的老先生夫妇，让少年们竟然秒变君子和淑女。我告诉少年们，这些天为了赶在重阳节之前，制作100面重阳糕旗，夫妇俩每天从清晨5点到

设计活动时"随心"，
活动过程才能"走心"。

夜晚 11 点忙碌着，不顾年事已高，为的就是能将这些旗子插在重阳节专用的糕点上。为了迎接少年们，他们还把二楼的书画室临时布置成了剪纸书房。陈老太太行动不便，但还是专程去超市为少年们买了橘子和花红，洗净装盘，就像对待贵客。

活动结束后，我们向老先生夫妇告别，他俩就像往常与我告别时一样，明明行动不便，却一定要送到门口。走完窄窄的小巷，拐弯时我们回过身，他们还在那里，伫立、挥手、注目。

少年们就感动了，因为他们刚做过一篇阅读理解，题目就是《谁在爱着你的背影》。

2

重阳是老年人的重阳，若少年走进重阳，会怎样呢？想起和女儿一起做家族记录时，公公婆婆接受我们采访时的庄重和满足，不由得再次心动。遂安坐书房，设计了“重阳·重逢”系列活动：

1. 听阿公讲小时候的游戏。
2. 跟阿婆学老活计（做帽、做花等）。
3. 与奶奶一起做江湖上失传的美食（酒盅印、番薯老鼠等）。
4. 找找爷爷用过的老物件。
5. 一起寻找温岭老建筑。
6. 学学温岭老称呼，阿姨、阿姨喊几声（温岭方言，阿姨是指妈妈）。
7. 听听温岭石夫人、虎山、呆大（温岭方言，即傻子）的老故事。

重逢，就是重新遇到。随着城市化、智能化的加快推进，千百年来流传下来的很多“老”传统，只存在于老人的记忆中了。多希望少年的脚步能慢一点，听听时光划过大地时的痕迹，能从老人那里重逢那些即将消失的民俗文化。就像陈老先生说的，重阳糕旗，只在他孩提时所见。

精心做好 PPT，让少年们七选一，我期待的少年们的惊喜却变成了惊慌：少年没听说过酒盅印，没尝过番薯老鼠，也根本不知道温岭的哪条小巷里还隐藏着老建筑。这可咋办？

3

今年的重阳恰好在周末，本欲去老家陪陪父母。电话里跟老父老母一商量，他们非常支持我的决定：带少年一起“访老”。

周六下午，联系了老画家袁振璜先生。42 位少年齐聚袁先生宅院，椅子不够，就坐在楼梯上，聆听老先生讲《太平春秋图》的创作过程。温岭，旧称“太平”，老先生历时两年，用 11 米长卷，记录 100 年前温岭老街的民俗风情，从迎晖门到延照门，共出现 600 多位人物。

少年们在画卷前细细寻找自己熟悉的场景，“方同仁”药店是隐约知道的，横湖小学的前身也找到了。读不懂的细节，老先生一一详细答复。于是，认出了美术史论家王伯敏先生家的店铺，看见了《太平抗倭图》和“顶关刀”“西门头舞龙队”，见识了“畚斗楼”“屋檐头”，少年们从长卷中得知温岭也曾有城隍庙、节孝坊、孔庙、尚书坊、朱子祠，顿时对家乡充满自豪感。

然而，纸上得来终觉浅，袁先生的讲述吊足了少年们的胃口，无奈在平常生活中又看不到。于是，又有了周日下午对花园里老宅的探访。我们相约在百年老店“方同仁”药店门口见面，还请了对“古物”情有独钟的“花园里原住民”张晨岗先生做“地导”。张先生带少年们认识了长大楼、林家里、息庐这些老宅，还教少年们区分明清建筑的小诀窍。待看到林家里“跑马楼”天井中“光滑的石井栏”和围墙上爬满的“木莲”，少年们的双眼放光了，因为我们刚学到鲁迅先生的“百草园”。得知温岭的地方特饮“石莲糊”取材于木莲，顿时对这“莲房一般的果实”充满了别样的敬意。

回家后，少年们还意犹未尽，缠着家里的老人做了传统甜点酒盅印和番薯老鼠。酒盅印，原来是把米粉挤满酒盅再倒出来蒸熟的，于是有了酒盅的样子。番薯老鼠，竟然只是因为用手随意一捏，番薯粉做的小糕点就有了老鼠的样子从而被命名。

“重阳·重逢”系列活动，少年很喜欢。以前也曾建议少年们在重阳节多陪陪老人，多给老人送温暖。然而对少年来说，“送出去”的“温暖”只是在尽孝心，而今课业繁忙，难免不情不愿。而此刻从老人那里“索要”，少年就觉得老人就是一个无穷的“宝藏”，而“索宝”正是少年天性中热爱的。

我们设计活动时，常常想着情感目标、价值目标，觉得这是少年“需要”的，却忘记了这是不是少年“想要”的。而对老人，“被需要”则是比“被温暖”更来得有意义。陈荣新老先生能永远 17 岁，正是因为他总被“需要”着。一些少年总抗拒活动，正是因为总被“要求”着。

设计活动时“随心”，活动才能“走心”。

2020 年 10 月 26 日

后记

寻梦的小蜗牛

小时候迷恋武侠小说，心中最向往的是《天龙八部》中隐居于藏经阁的扫地僧，他在少室山的武林大会上，轻松收服萧远山、慕容博，使他俩大彻大悟。

长大后观察树，最心仪的是柳树。小风一吹，便如长发般飘起，看起来像是最娇柔的女子。可是，台风过后，房屋会被吹倒，柳树依然故我，柔枝轻扶。

近几年思考水，水在中国的哲学里，是最有智慧的存在。

扫地僧、柳树、水，他们身上都凝聚着一种神秘的东方智慧：柔软，自有力量。它们，都启发我思考教育。

我想，慕容博在藏经阁忐忑不安的时候，扫地僧肯定没有和我们这些教师一样，心里想着，你这样可不行，我一定要教育你，改变你。扫地僧甚至也没停下手中的扫把，他只是看了慕容博一眼，就是这一眼，充满慈悲，度慕容博于万劫之中。

风吹着柳树，柳条放轻了自己，从了风的力量。风强劲时，柳条飞舞到了半空；风停了，柳条静了。因为从了风，柳条保全了自己，也舞出了生命的精彩。

水最“无我”了，从了各种各样的地势，可以成为海、成为湖、成为河、成为溪，甚至可以成为水坑。当我们把杯子装满细沙后，水还是可以从了细沙间的最窄小的缝隙。水，无所不从，于是，就积蓄了顺势而为的大能量。

教育是否也同理呢？

单元测试开考时间已经过了20分钟，可有个孩子却呆坐在位置上，考卷上只字未写，你会不会瞬间就火冒三丈？如果你此时舍弃“不写卷子即懒惰”

的成见，用心去感知孩子的那一颗心：孩子为什么那么无力呢？他今天是身体不适，是对学习有些厌烦，还是心理上出了点问题呢？你再找孩子柔声相问：你怎么了？看你有些倦怠的。当你依从了孩子此刻的心理，孩子就能感知到你对他的同理心，也会向你敞开心扉，这时候，你再把你的理解力发挥到最大，才能真正懂得孩子到底怎么了。只有懂，你才能精准判断孩子是哪方面出了问题。如果这个孩子是抑郁了，情绪出现了严重的障碍，他暂时感受不到生命存在的快乐，这时候你若错误判断为“懒”，再施以严厉的教育措施，孩子的问题只会更严重。如果这个孩子是“厌学”了，你把他“厌烦参加测试”当作“挑战师道权威”，你的惩戒只能使他对学习更厌烦。

如果能舍弃我们的执念，舍弃我们不自觉的偏见和成见，舍弃我们惯有的“教育经验”，舍弃我们潜意识中给孩子们贴上的各种标签，若真能舍弃了“我”，就更能感知“他”，更能尊重孩子的成长规律，尊重这个孩子当下的真实状态，懂得孩子在表象背后真正的内心渴望，懂得孩子真正的问题所在。只有真正“识材”了，你才能够“因材施教”。

“舍我从人”，是柔软教育的本质特点，其外在的表现，则是身段的柔，言语眼神的和，手段的软。

比如说，你在课堂上，发现孩子睡着了，你如何唤醒这个睡觉的孩子呢？如果你内心柔软，你就会想：孩子怎么了？我的课堂是不是有点乏味？我的语音语调是不是有些单调了呢？这么一想，你就会选择这样的做法：如果孩子睡沉了，我们不妨让孩子睡够 15 分钟再去唤醒。对一节课来说，他是会有影响，但对于生命的长河而言，根本不足挂齿。如果孩子刚想睡，我们可以提醒孩子，你可以选择站一会儿醒醒神。当然，你也可以选择用你“独特的”方式，有时候，我会用手指在他的眼皮底下晃动，看着他笑；有时天冷，我也会偶尔试一下“寒风掌”的神功，在孩子的后脖颈上一探，想睡的孩子会凉得发出夸张的“嗷嗷”大叫声，全班都开心了，上课节奏调整了，孩子的“睡神”也跑得无影无踪了。

茹同学曾这样描述她的一段小小经历：还记得有一次写文言文的时候睡着了，含芬姐看到了把我叫醒，问我很困吗，还给了我一颗酒心巧克力糖糖！笑容温柔飞起。

如果不是看到这些文字，我肯定记不起这些芝麻小事。当时见她睡着了，我等待着没叫醒的15分钟，内心肯定是温柔的；后来叫醒她的时候，身段肯定是柔的，言语眼神肯定是和的；递出巧克力的时候，手的姿势肯定是软的。孩子在睡眼蒙眬中接到巧克力的时候，内心肯定也是温柔和甜蜜的。这种温柔和甜蜜，会让她滋长出喜欢上课的力量。有意思的是，吃了“巧克力糖糖”后，茹同学的语文成绩竟然涨了十多分。

这些自然而然而又神奇的事，在我开始琢磨“柔软的教育艺术”之后，越来越多地发生。于是，萌生了一个念头，我要把它们记录下来，写成“小蜗牛教育故事”，让更多的人看见。写故事的时候，才知道写故事本身还有一种神奇的力量。当你每天都惦念着写故事，你以往的一些教育行为就会不断浮现，你打量它，琢磨它，常常又会“突然震悚”，以往你觉得得意的一些教育手段，这时你才发现它是你的败笔，让你羞愧，于是反思，反思会让你有所进步。同时，脑海里装着故事的时候，你有了读者意识，仿佛你正在进行的教育行为有了“围观者”，就像开教学公开课一样，你的教育行为会更讲究艺术性。

这些小故事借助一些公众号推出后，每次都会有很多留言及评论，我的思考引起了共鸣。我相信，这些思考与共鸣是有价值的，遂产生了一个梦想：我要做一个讲故事的梦想家。我希望有更多的老师也参与进来，一起将“柔软教育”进行到底，让孩子们受益。因为，孩子在求学之路上已经很辛苦，我舍不得他们再因为教育者使用强硬而不当的手段让心灵再蒙受一种苦。

记得我刚工作的时候，善良的邻居见我模样柔弱，便教导我千万不能对学生笑，也不能跟学生开玩笑，更不能与学生一起玩。他们教导我，学生怕你，你有威严，课堂才能管得住。在教学中，我们也常使用强硬的手段，驱迫孩子去迎合，灌输给孩子知识，同时，又严格地管束着孩子的身心。有孩子作业没完成，是不是有老师不问原因，直接打电话给家长？很多时候，我们会选择这样刚性、“威严”的方式，原因很简单：不用琢磨教育艺术，想咋做就咋做，关键是，表面上看，见效也快。

实际上，当孩子被我们的强硬手段管束时，他的内心是内疚、悲伤、失望和忧虑的，而据美国心理学家霍金斯研究，在人类的意识能量层级分布图中，这些情绪是黑色、灰色的，让孩子感觉非常沉重有压力，而且能量级别也很低。如果我们经常这样“苦口婆心”“暴风骤雨”地教育孩子，孩子会越来越没有力量，那是因为我们把他放在最低的能量级别里，让他没有力量自我生长。

记得有朋友跟我聊起，初中时英语常考不及格的她，有一阵子发奋努力，结果好不容易及格了，而英语老师却把她叫到办公室里，要她“交代”到底是跟谁抄的答案。她说，老师的粗暴，让她愤怒与绝望，从此再也不肯好好学英语了。

还记得有朋友回忆，中学时数学常考低分，数学老师生气地画了很大的叉叉，贯穿整张卷子，甚至“力透纸背”，还在旁边写了“猪”。朋友宽宏地说，他不生老师的气，但他从此常做噩梦，常梦见那张狰狞的卷子吞了他。

愿我们在教育路上，修炼“藏、养、蓄、勤”四字诀，藏起你的教育锋芒，养大你的教育爱心，蓄足你的教育能量，勤于研究教育规律，修得一颗柔软的心。

路漫漫其修远兮，不急，不急，做一只寻梦的小蜗牛，沉静其心，纯净其心。

张含芬

2021 年 5 月 20 日

图书在版编目（CIP）数据

柔软的教育 / 张含芬著. — 上海：上海教育出版社，2021.7
ISBN 978-7-5720-0944-0

Ⅰ. ①柔… Ⅱ. ①张… Ⅲ. ①教育心理学 Ⅳ. ①G44

中国版本图书馆CIP数据核字(2021)第141886号

责任编辑　李秋彦
封面设计　毛结平
插　　图　谢法标

柔软的教育
张含芬　著

出版发行　上海教育出版社有限公司
官　　网　www.seph.com.cn
地　　址　上海市永福路123号
邮　　编　200031
印　　刷　上海商务联西印刷有限公司
开　　本　890×1240　1/32　印张 6.75
字　　数　185 千字
版　　次　2021年7月第1版
印　　次　2021年7月第1次印刷
书　　号　ISBN 978-7-5720-0944-0/G·0750
定　　价　32.00 元

如发现质量问题，读者可向本社调换　电话：021-64377165